한국교회 상위 10% 부흥 매뉴얼

미래교회
REVIVAL

옥수영 지음

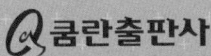
쿰란출판사

프/롤/로/그

《미래교회 REVIVAL》은 한국교회의 목회자와 성도들에게 꼭 필요한 사명적인 필독서이며, 교회론의 중심 주제이다. 우리는 모두가 주의 몸 된 제단의 지체들로서 하나님 나라의 확장과 교회 부흥의 염원을 담고 있다. 이것은 하나님의 꿈이고 비전이며, 명령이고 뜻이다. 더욱이 한국교회가 급속한 세속화로 인하여 침체와 쇠퇴의 길에 들어서 있는 암울한 작금의 시대에 앞으로 사회적·문화적·영적으로 어떤 구체적인 전략을 세워야 교회의 회복을 넘어 재도약과 대부흥의 역사를 써나갈 수 있을 것이냐 하는 것은 한국교회의 가장 큰 과제가 아닐 수 없다.

요즘 들어 인생이란 끝없이 겸손을 배워가는 아주 기나긴 수업이라는 생각이 든다. 하늘의 별만 올려다보는 사람은 불행하게도 자기 발아래 있는 아름다운 꽃을 미처 보지 못한다. 필자도 목회 초창기에는 교회 부흥이라는 하늘의 별만 바라보며 질주하다가 땅의 돌부리에 부딪혀 수도 없이 넘어졌다. 그때마다 땅의 성도들의 아픔과 고통이 보이기 시작했고, 그들과 함께 수많은 교회의 장애들을 헤쳐나가는 기쁨이 얼마나 귀하고 영광스러운가를 느낄 수 있었다.

개척 후 10년 동안 두 번 정도 부흥했다가 내려가는 아픔을 거듭

경험하며 성장과 성숙을 향한 용트림의 값진 경험을 쌓아나갔다. 그 후에도 교회에는 몇 번의 물갈이가 있었지만, 기둥 같은 성도들과 함께 동고동락하며 영광스러운 교회의 성장 스토리를 써갈 수 있었다. 그리고 지금은 27년 목회의 여러 경험을 통한 부흥의 과정을 바라보고 있다.

필자는 이 책을 쓰면서 성령의 조명하심을 받아 지난날의 목회를 반성하고 기도하게 되었다. 지난날의 교회 침체와 갈등이 성도들의 문제가 아니라 바로 나 자신의 목회 리더십의 부족이라는 것을 절감하며, 더욱더 다양한 각도에서 성경적 패러다임과 영적 리더십을 개발하고 갱신해야겠다는 각오를 세우게 된 것이다. 환경은 약한 자들을 통치하려 들지만 지혜로운 자들에게는 아주 적절한 기회이며 반전의 도구가 된다. 개척하고 27년 동안 접한 목회 환경의 경험들은 나를 열등감으로 몰아넣은 것이 아니라, 오히려 더 건강한 교회 부흥의 전략을 깊이 세우도록 하는 계기가 되었다. 지금도 필자는 현장 목회에서 교회의 양적 부흥과 질적 부흥을 경험하며 아름다운 부흥의 이야기들을 만들어가고 있다.

모스크바로 가는 길목에서 나폴레옹을 패배시킨 것은 대포가 아니라 작은 눈송이의 힘이었다고 한다. 우리가 지금 실패하는 것도 대포가 없어서가 아니라 작은 것, 사소한 것 하나를 소홀히 하고 충성하지 못했기 때문이다. 바다로 흘러가는 냇물도 물 한 방울에서 시작된다. 그 물방울 하나하나가 모여 대양을 이루듯이 우리도 작은 것, 약한 것, 사소한 것부터 디테일하게 계획을 세우고 성공적으로 쌓아나가면 분명 큰 부흥의 바다로 진입하는 계기가 될 것이다. 이제 과거에 연연하지 말고 현재에 충실하며 성실히 미래를 대비하자. 이 책이 풀리지 않는 교회 부흥의 작은 대안들을 제시하여, 빨려들듯이 속도가 붙어 회복을 넘어 부흥으로 올라가는 놀라운 전환점이 되기를 기대해 본다.

끝으로 이 책이 나오도록 은혜를 주신 하나님께 모든 영광을 돌리며, 이 책의 원고를 수정하며 보완하기까지 아낌없는 정성과 사랑을 쏟아주신 출판사에도 감사를 드린다. 그리고 늘 뒤에서 한결같은 믿음으로 협력해 준 아내 정경화와 사랑하는 세 아들-지형, 지성, 지후-, 그리고 큰며느리 조영인과도 큰 기쁨을 함께하고 싶다. 더욱이 무한 신뢰로 생사고락을 같이하고 있는 우리 은혜로운교회 성도들에게도 더더욱 감사를 드린다. 필자에게 있어 은혜로운교회 성도들은 너무도 자랑스럽고, 내 인생에서 가장 소중한 분들이다. 이 책을 읽는 모든 독자 여러분에게도 항상 성령님의 내주와 충만하심이 임하시어 교회 부흥의 초석을 이루는 비전 메이커들이 되시기를 진심으로 기원한다.

교회 5층 목양실에서
옥수영 목사

차/례/

프롤로그 _ 2

Chapter 01 교회 부흥의 역사적인 비결

01. 성경교회 부흥의 비결 _ 11
02. 초대교회 부흥의 비결 _ 19
03. 한국교회 부흥의 비결 _ 24
04. 미래교회 부흥의 비결 _ 38

Chapter 02 교회 부흥의 장애 요소 제거하기

01. 교회 문제의 구조적 갈등 _ 71
02. 교회 문제의 영적 갈등 _ 78
03. 교회 문제의 총체적 해결 방안 _ 87

Chapter 03 미래교회 부흥의 실제 프로젝트

01. 예배 부흥의 프로젝트 _ 109
02. 설교 부흥의 프로젝트 _ 118
03. 기도 부흥의 프로젝트 _ 127
04. 전도 부흥의 프로젝트 _ 142
05. 찬양 부흥의 프로젝트 _ 157
06. 교제 부흥의 프로젝트 _ 168
07. 성령 사역 부흥의 프로젝트 _ 178
08. 재정 부흥의 프로젝트 _ 187
09. 셀(구역) 부흥의 프로젝트 _ 202
10. 제직 훈련 부흥의 프로젝트 _ 215
11. 제자 훈련 부흥의 프로젝트 _ 224
12. 치유 상담 부흥의 프로젝트 _ 236

에필로그 _ 252

Chapter 1
교회 부흥의 역사적인 비결

내가 네게 명한 것이 아니냐
강하고 담대하라 두려워하지 말며 놀라지 말라
네가 어디로 가든지
네 하나님 여호와가 너와 함께하느니라 하시니라

여호수아 1:9

이 장에서는 교회 부흥의 성경적 배경을 알아볼 것이다.

신구약 성경에 나온 교회 부흥의 원인과 결과를 토대로, 초대교회의 부흥 비결과 한국교회 부흥의 모델을 통해 앞으로 미래교회 부흥의 대안도 제시하며 교회 부흥에 관한 통찰력을 제공할 것이다.

01.
성경교회 부흥의 비결

구약교회 부흥의 근원

하나님께서 **창세기 1장 28절**에 인간에게 하신 최초의 축복 말씀은 "생육하고 번성하여 땅에 충만하라, 땅을 정복하라, 모든 생물을 다스리라" 하는 것이었다. 또 **창세기 9장 1절**에 노아 홍수 이후 노아와 그 자손들에게도 반복적으로 "생육하고 번성하여 땅에 충만하라"는 말씀을 주셨다. 이것은 신학적으로 '**사회문화혁명**'이라고 말하기도 하는데, 개인과 교회, 나라와 민족에게 주신 축복의 말씀이다. 특별히 이 말씀은 교회론의 관점에서 보면 교회 부흥과 성장의 중요한 성경적 기반이 되는 것이다.

또한 하나님은 이스라엘의 시조 **아브라함**에게 이르시되, 땅의 모든 족속이 너로 말미암아 복을 받고, 네 씨로 천하 만민이 복을 받으며, 네 자손이 땅의 티끌같이 동서남북으로 퍼져 나갈 것이며, 하늘의 별과 같이 바다의 모래와 같이 네 자손이 많아지리라 말씀하셨다. 그 아들 독자 **이삭**에게도 하나님의 말씀을 잘 지키는 자는 하늘의 별과 같이 번성케 하고 강성케 하겠다는 축복의 말씀을 하셨다. 그리고 그 아들 **야곱**에게도 동일한 말씀으로 후손의 번성함을 계시해 주셨다. 뿐만 아니라 출애굽기를 통하여 이스라엘의 위대한 영도자 **모세**에게도 젖과 꿀이 흐르는 가나안 땅을 약속하시며 번성케 될 것을 말씀해 주셨다.

또한 **이사야 선지자**를 통해서도 여호와께서 열방의 목전에서 그의 거룩한 팔을 보여주셨고, 땅끝까지 하나님의 구원을 보게 될 것이라 말씀하셨다(사 52:10). 심지어 **에스겔**에서도 멸망 중에 있는 이스라엘을 장차 회복하여 사람과 짐승의 수를 많게 하고 번성케 하실 것이라고 선포한다(겔 36:11). 또한 에스겔 골짜기의 마른 뼈들이 생기를 받아 큰 군대가 되는 대부흥의 역사도 언급한다(겔 37:10). 더욱이 하나님께서 화평의 언약을 세워 그들을 견고하고 번성케 하여 성소를 그 가운데 세우실 것을 약속하셨다(겔 37:26). 또한 **요엘서**에서도 여호와께로 돌아오는 그날 이후에 "내가 내 영을 만민에게 부어 주리니, 그때 복음이 만민에게 전파될 것"이라고 말씀하셨다(욜 2:28). 모두가 다 하나님 나라에 대한 성장과 확장의 약속이었다.

따라서 앞에 언급된 이런 말씀을 살펴볼 때에 구약교회의 예표인 이스라엘을 향한 부흥과 성장의 약속이 곧 하나님의 소원과 뜻이라는 것을 알 수 있고, 교회 성장은 바로 하나님의 뜻을 성취하는 과정이라는 것을 깨닫게 된다.

구약교회 부흥의 역사

구약교회 부흥의 기원을 이야기한다면 대체적인 출발은 아브라함 때로 언급할 수 있겠지만, 공식적인 교회 출발의 모습은 모세의 **성막 시대**에서부터 이야기될 수 있을 것이다. 또 좀 더 앞서서 엄밀히 이야기하면, 최초 인류 아담의 제사법을 통해 예배의 혈통이 이어져왔지만 결국 그것도 율법적 차원의 공식적인 교회의 역사는 모세의 성막에서 출발되었다 해도 과언이 아닐 것이다. 그 이후 다윗과 솔로몬에 의해 **성전 시대**가 열렸고, 바벨론 포로 이후에는 스룹바벨 성전, 헤롯 성전으로 이어졌으며, 또 그 이후에는 회당을 중심으로 하는 흩어진 디아스포라의 율법적인 **회당공동체**가 자연히 출현하게 되었다.

그런데 이런 구약교회의 역사 속에서도 이스라엘 중심적인 성막교회에 어느 한쪽으로는 바깥 **이방인**을 향한 구원의 손길이 항상 열려 있었다는 것이다. 실제로 이방인 가운데서도 하나님을 믿기로 작정하고 성전 공동체로 들어온 사람들이 적지 않았다. 따라서 구약교회의 용어인 성막과 성전, 회당의 개념에서도 유대인에서 이방인으로, 예루살렘에서 땅끝까지 전파되는 교회 부흥과 성장의 스토리는 계속 이어지고 있었고, 하나님 나라 확장을 위한 소원과 비전은 구약부터 일찌감치 그 역사 속에서도 잘 나타나고 있었다는 것을 발견하게 된다.

구약교회 부흥의 변천

　구약교회 부흥의 변천을 보면 가장 먼저 믿음의 조상 아브라함의 **'가족교회'**에서 찾을 수 있다. 하나님께서 아브라함을 갈대아 우르에서 빼내어 가나안 땅으로 인도하시고 가족교회를 이루게 하셨다. 그곳에서 아브라함은 제단을 쌓고 여호와의 이름을 부르며 예배를 드렸다. 아브라함의 가족교회는 천지의 주재이시고 유일하신 하나님께 제사하는 예배공동체였다. 그것이 이삭-야곱-요셉까지 계승되며 이스라엘의 12지파가 애굽에 정착하기까지 가족 중심의 예배공동체는 계속 이어졌다.

　둘째는, 모세에서 출발하는 **'성막교회'**를 들 수 있다. 이스라엘의 지도자로 하나님의 부르심을 받은 모세는 유월절 사건으로 애굽에서 벗어나 '광야교회'를 개척했다. 장정만 60만 명에 달하는 백성들이 광야에서 성막을 중심으로 40여 년간 신앙생활을 영위했다. 성막을 중심으로 12지파가 모였고, 하나님께 받은 십계명과 율법을 생활 지표로 삼아 무사히 광야를 통과해 가나안에 이르게 되었다. 모세의 성막교회의 특징은 예배공동체와 말씀공동체의 두 기둥을 중심으로 승리했다는 것이다.

　셋째는, 다윗과 솔로몬의 **'성전교회'**를 들 수 있다. 모세의 성막교회는 가나안 땅에 들어와서도 다윗에 이르기까지 계속되었다. 그러나 다윗이 하나님이 거하시는 성막이 자기 궁전보다 초라하고 볼 것이 없다는 생각에 죄송한 마음으로 성전을 짓기로 결심하고, 모든 건물의 형식과 재료를 준비하여 아들 솔로몬에게 인계했다. 그리고 마침내 솔로몬이 화려하고 영광스러운 성전의 시대를 열게 되었다. 그때가 성전교회의 전성기라고 할 수 있다. 그 이후 바벨론 포로에서 귀환한 후에 지은 스룹바벨 성전, 그리고 신약에 이르러 세 번째 스룹바벨 성전을 개축하여 유대인의 환심을 사기 위해 46년간 지은 헤롯 성전이 있다. 헤롯 성전은 완공 6년 뒤인 AD 70년 디도 장군에 의해 불타버렸고, 그렇게 성전의 시대는 역사 속에 마감되었다.

성전교회의 특징으로 건물 중심의 신앙을 들 수 있다. 건물 자체의 거룩함과 영광스러움에 압도되어 의식적, 율법적, 제사의 규례와 법도에 따라 예배드리는 종교적 예식이 중심이었다. 마치 중세기 교회의 의식적 모습과 유사한 형태였다. 역사는 돌고 도는 것 같다. 이것이 예수님이 오시는 계기가 되었고, 중세기 교회도 종교개혁의 원인이 되었던 것이다.

넷째는, 바벨론 포로 기간에 세워진 '**회당교회**'가 있다. 회당은 모세 시대부터 시작되었다는 주장도 있고, 또는 마카비우스 시대 이후에 생겨났다는 주장도 있지만, 보편적인 견해는 바벨론 포로 기간 가운데 성전 예배가 불가능했으므로 예배와 말씀의 새로운 장소로 회당이 생겼다는 것이다. 처음에는 가정에서 시작되어 점차 회당의 형태를 띠며 예배를 위한 장소로, 자녀에게 율법을 가르치는 교육을 위한 장소로 설립되었고, 나중에는 공적인 회의 장소, 재판을 위한 법정, 여행 숙박시설을 위한 장소 등으로 확장되며 발전하게 되었다.

회당교회는 바벨론 포로 기간과 로마 침략으로 인한 유대인의 디아스포라가 점차 확산되며 그 전성기를 맞이했다. 이때에는 세계 어느 곳에나 회당이 존재했고, 사도행전 시대에도 회당이 복음 전파의 교두보로 활용되었으며, 초대교회 형성과 조직 정비에도 크게 이바지했다고 할 수 있다. 즉 제사 중심의 성전교회에서 탈피하여 회당이 기도와 찬양과 말씀 중심의 예배 형식, 자녀 교육 중심의 장소로 활용된 것이 나중에 기독교 교회에도 지대한 영향을 미쳤고, 기독교 역사에도 많은 공헌을 했다고 할 수 있다. 물론 교회는 회당의 형식을 빌린 것일 뿐 내용은 전혀 다르다고 할 수 있다.

신약교회 부흥의 근원

사실 구약교회 부흥의 근원을 보면 직접적인 교회의 용어 개념이 나타나 있지 않다. 그런 의미에서 구약교회는 포괄적인 개념으로 하나님 나라에 초점이 맞춰져 있다. 그러나 신약교회는 예수님께서도 직접 교회를 언급하셨고, 오순절 성령강림 이후 초대교회의 이상적인 모델을 통해 교회 중심의 성장과 변화를 확연히 보여주고 있다. 따라서 신약교회 부흥의 역사는 실질적으로 하나님의 택한 백성을 구원하여 땅끝까지 전파하는 전도의 실현을 가져오게 되었다.

더욱이 **교회의 창시자 예수님**께서 부활하신 후 제자들에게 "너희는 가서 모든 민족을 제자로 삼아 아버지와 아들과 성령의 이름으로 세례를 베풀고 내가 너희에게 분부한 모든 것을 가르쳐 지키게 하라"(마 28:19-20) 하셨고, 승천하실 때는 "오직 성령이 너희에게 임하시면 너희가 권능을 받고 예루살렘과 온 유대와 사마리아와 땅끝까지 이르러 내 증인이 되리라"(행 1:8)고 말씀하셨다. 이것은 예루살렘에서 땅끝까지 교회 성장의 계속적 진행과 발전을 의미한 것이고, 예수님의 재림 때까지 교회 성장은 계속되어야 함을 천명한 것이다.

신약교회 부흥의 역사

신약교회 부흥의 역사는 예수님의 명령을 이어받아 사도행전 교회에서 여실히 드러났다. **사도행전 교회**는 복음이 전 세계로 전파된 생생한 간증이며, 교회 성장의 모델을 제시한 안내서라 할 수 있다. 사도행전 교회를 보면, 날마다 구원받는 자의 수가 더하더라고 기록하고 있다(행 2:47). "하나님의 말씀이 점점 왕성하여 예루살렘에 있는 제자의 수가 더 심히 많아지고 허다한 제사장의 무리도 이 도에 복종하니라"(행 6:7), "주 예수를 전파하니 주의 손이 그들과 함께하시매 수많은 사람들이 믿고 주께 돌아오더라"(행 11:20-21), "이방인들이 듣고 기뻐하여 하나님의 말씀을 찬송하며 영생을 주시기로 작정된 자는 다 믿더라 주의 말씀이 그 지방에 두루 퍼지니라"(행 13:48-49) 등등의 말씀 증거를 통해 복음이 각 지역으로 흥왕하여 뻗어나갔고, 폭발적인 교회 성장을 촉진시켰다는 것을 알 수 있다.

특별히 오순절에 모인 수는 120명인데, 당일 개종한 수는 3,000명이 되었고, 그 수가 계속 증가하여 남자만 5,000명에 달했고, 그 후 15,000명으로 기하급수적으로 늘어나 전 세계로 뻗어나가게 되었다. 지리적으로는 예루살렘에서 유대와 갈릴리, 사마리아까지, 그리고 안디옥에서 소아시아 일대로, 또 에베소를 거쳐 마침내 세계의 중심인 로마에까지 복음이 전파되어 세계 교회의 기틀을 마련하게 되었다. 그러므로 신약교회 부흥의 역사는 교회의 진정한 창시자이신 예수님으로부터 시작되었고, 성령의 충만함으로 나타난 결과였으며, 전도의 폭발적인 확산으로 이루어진 기적적인 역사였다는 것을 발견하게 된다.

02.
초대교회 부흥의 비결

초대교회 부흥의 근원

초대교회는 사도행전 교회의 부흥 정신을 그대로 이어받아 예수님이 가르쳐 주신 '**순수한 복음**'과 '**피 묻은 십자가의 신앙**'을 고스란히 계승하였다. 그 당시 로마의 사회적 상황으로 인해 기독교인들은 온갖 핍박과 환란과 고난 속에 있었음에도 불구하고 거기에 절대 굴하지 않았으며, 오히려 복음을 용감하게 지켜나가 자자손손 계속적인 성장과 변화를 이루어갔다.

특별히 기독교 박해가 심해지면서 로마 주변에 있던 초대교회 기독교인들의 지하 묘지인 **카타콤 동굴**로 신자들이 몰려드는 풍습이 생겨났다. 그런데 그곳에는 놀랍고도 신비로운 일들이 많이 있었다. 특히 카타콤은 출입구가 어디 있는지 알 수 없을 정도로 끊임없는 미로가 형성되어 아주 복잡한 지형을 이루었다고 한다. 그 이유는 까다로운 로마 당국의 감시를 피해 카타콤의 깊은 동굴에서 비밀예배 장소로 모였기 때문이었고, 2세기부터 시작해서 410년까지, 무려 **300년간** 사람들이 거기서 살았다고 한다. 당시 로마 인구가 100만이었는데, 카타콤에서는 **200만 명이** 3~4대를 이루며 비밀예배를 드렸다. 그렇다면 얼마나 많은 그리스도인들이 그 지하무덤에서 평생 복음을 위해 살고 죽었는지 잘 알 수 있다.

또한 이때에는 기독교인들의 암구호가 **익투스**(물고기)-예수 그리스도는 하나님의 아들 구원자이시다-였는데, 그것을 손으로 그려서 보여주고 알아들으면 카타콤 예배당으로 들여보내 주는 식으로 사용되었다고 한다. 이렇게 초대교회 기독교인들이 그들의 순수한 복음을 지키기 위해 얼마나 많은 희생과 헌신을 했는가를 알 수 있고, 그들의 순교의 피가 다음 세대의 교회 성장과 부흥을 이루는 한 알의 밀알이 되었다는 것을 잘 알게 하는 사건이라 할 수 있다.

초대교회 부흥의 비결

초대교회 부흥의 역사는 지리적으로, 문화적으로, 환경적으로 좋은 조건 아래에서 이루어졌다. 당시 기독교가 시작된 지중해는 여러 문명의 중심지 중에 가장 큰 영향력을 갖고 있었다. 팍스 로마를 형성한 세계 제국 로마가 지중해에 있었고, 정교한 도로와 수로, 좋은 통신, 헬라어라는 공통어의 사용 등은 기독교를 최단기간에 전파할 수 있는 좋은 기회를 제공하였다.

첫째, 초대교회의 부흥은 유대교의 **'그리스도 대망 사상'**이 그 발판이 되었다. 기독교는 그 근원이 유대교이며 거기에서 출발했다. 그것은 구약을 근간으로 삼고 있는 유대교 신앙이 메시아, 그리스도를 대망하는 기독교 신앙의 중심사상이었기 때문이다. 그래서 최초의 신자들도 유대인 중에서 나왔다. 예수님도 성경의 약속대로 유대인이었다. 교회도 처음에는 예루살렘에서 시작하여 유대인 중에 더 빠르게 급속도로 복음이 전파되었다. 이처럼 유대교의 그리스도 대망 사상이 초대교회 성장을 위한 발판을 마련하는 데 큰 도움이 되었다.

둘째, 초대교회의 부흥은 **'헬라 문화'**도 아주 유익한 배경이 되었다. 헬라어는 흩어진 디아스포라 유대인들을 포함한 많은 타국 사람들에 의해서 사용되었다. 헬라어는 일종의 세계 공통어였다. 민주적인 헬라 문화도 새로운 종교를 받아들이는 데 문제가 되지 않았다. 특히 헬라의 스토아 철학 사상은 죄와 은혜의 개념에서 타락의 보편성을 수용할 수 있었고, 유대교의 율법적 종교적 의식에 반대해서 기독교의 십자가를 통한 도덕적 정화의 개념으로 조직화하는 데 별 무리가 없었다. 또한 요한복음의 로고스 개념도 스토아 철학과 비슷한 부분이 있는 것을 보면, 헬라 문화와 사상이 기독교를 수용하는 데 좋은 배경이 된 것이다. 물론 이것은 스토아 철학사상을 그대로 수용했다는 뜻이 아니라 성경의 신학적 사상이 사람들에게 받아들여지는 데 스토아 철학이 좋은 토양이 되었다는 의미이다.

셋째, 초대교회의 부흥은 무엇보다도 **'평신도 사역자'**들의 전도와 선교의 확장이 가장 중요한 요인이 되었다. 1세기 초대교회는 평신도 전도자들을 통하여 급속도로 이웃에게 전파되었고 성령의 능력이 나타났으며, 교회에는 날마다 구원받는 자의 수가 더하여 갔다. 이것은 강제로 된 부흥 운동이 아니라 자발적인 동력으로 안에서 밖으로, 국내에서 해외로, 가까이에서 먼 곳으로, 가는 곳마다 폭발적인 복음 전도가 확산되어 갔던 것이다. 그것은 무엇보다 평신도들의 구원 확신과 측량할 수 없는 복음에 대한 기쁨이 생수의 강처럼 흘러넘쳤기 때문에 체험된 은혜의 결과라 아니할 수 없다. 더 나아가서는 이웃에 대한 진실한 관심과 사랑으로 시련과 고난 중에도 그들을 도왔고, 귀신을 쫓아내며, 고아, 과부, 노인, 병자 그리고 가난한 자들에게 필요한 것들을 공급해 주고, 죽은 자를 장사 지내주며, 그들과 함께하는 삶을 보였기 때문에 가능한 것이었다.

넷째, **'온갖 사회적인 핍박과 고난'**이 오히려 교회를 강화시키는 요소가 되었다. 사회적으로 환란과 핍박이 심하면 심할수록 기독교인들의 신앙은 더 강력해졌고, 이방인들도 복음을 받아들이는 데 더 강하게 역사하는 성령의 인도하심이 있었다. 고난이 시대적으로 교회가 오히려 더 강해지는 유익이 되었다. 동서고금, 지위 고하를 막론하고 기독교의 성장은 언제나 고난의 역사 속에 꽃피었다. 신학적으로도 기독교의 부흥은 십자가의 길이었으며, 좁은 길의 역사였고, 밀알 신앙의 열매라 아니할 수 없다. 고난은 부흥의 시발점이 되었다. 고난받는 것이 내게 유익이라. 교회 부흥도 고난의 깊이 가운데 더욱 크게 나타난다는 것을 알 수 있다.

다섯째, 초대교회의 부흥은 사회 최소 단위인 **'가정에서 시작된 복음 운동'**의 확산이었다. 처음에는 개종한 개개인 신자들이 먼저 가족들에게 복음을 증거하였고, 가족들의 연쇄적인 회심이 점점 더 신자들을 누르고 흔들어 넘치도록 채워지게 했다. 그리고 사회적 핍박이 심할수록 복음은 쪼그라들지 않고 더욱 강화되어 마침내 로마 고위 고관들의 가족들이 믿게 되었으며, 나중에는 로마가 기독교 국가가 될 정도로 세계적인 종교로 자리 잡게 되었다. 기독교 역사를 보면 언제나 교회 부흥의 요인들이 가족에서부터 예수 믿고 시작되어 점차적으로 복음이 아래에서 위로, 안에서 밖으로 흘러간 것을 볼 수 있다.

결론적으로, 초대교회의 부흥은 위의 요소 말고도 여러 성장의 요인이 있겠지만, 가장 중요한 요인은 초대 그리스도인들이 **'하나님의 말씀'**을 따라 순종했고, **'성령의 역사대로'** 움직였기 때문이다. 교회 부흥은 말씀의 권능, 성령의 충만함이 있을 때 자연스럽게 나타나는 현상이다. 그래서 교회를 자라게 하시는 분도 하나님이시고, 부흥케 하시는 분도 성령님, 하나님이라는 것이다. 그러므로 한국교회도 사회구조적, 영적 상황의 인식도 중요하겠지만 무엇보다 하나님의 말씀과 성령의 역사를 이해하고 우리 안에 성령 충만, 말씀 충만, 예수 충만한 믿음으로 나아간다면 반드시 회복을 넘어 부흥으로 진입하는 계기가 될 것이다.

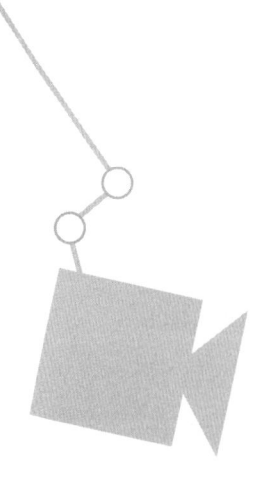

03.
한국교회 부흥의 비결

한국교회 부흥의 역사

먼저 한국교회는 1907년 '영적 대각성운동'과 '전도운동'으로 개 교회마다 괄목할 만한 대부흥을 이루었다. 또한 '부흥사경회'를 통해 많고 많은 다양한 사람들이 모이며 폭발적인 성장의 변화를 이루었다. 그러나 1919년 3·1운동을 거치면서 한국교회는 일제의 큰 핍박에 직면하게 되었고, 외형적으로는 교회 성장의 침체기를 맞이하였다. 그러나 다시 1945년 대한민국의 기적적인 해방과 1950년 남북 6·25 전쟁, 그리고 1953년 휴전협정 등의 사건들을 접하면서 1960년대는 급속도로 변하는 사회의 물결에 휩쓸려, 사람들은 불안한 마음에서 교회로, 교회로 인산인해를 이루며 몰려들어 부흥의 서곡을 알렸다. 그때는 교회만 가면 평안한 안식이 있었고, 재미있었고, 배부르고 은혜로운 시간이 유익하게 펼쳐졌다. 더욱이 그때는 교회만 가면 가난이 물러가고, 귀신이 떠나가고, 문제가 해결되며, 그곳에서 위로받고 새 힘을 얻고 축복을 받는 역사가 기적적으로 나타났다. 참으로 놀라운 변화의 시기였다.

그 이후 한국교회는 1970년대에 이르기까지 경제성장과 급격한 도시화 현상으로 교회로 더욱 몰리는 폭발적인 대부흥의 역사가 나타났다. 실로 한강의 기적이었고, 교회의 신비로운 기적이었다. 그때 25개가 넘는 한국의 대형 교회들이 우후죽순처럼 생겨났다. 그러나 그렇게 성장하는 가운데서도 WCC, 에큐메니칼 노선의 차이, 신학 교리의 차이, 교단의 분열 등으로 갈등하며 한국교회 성장통의 기간도 거쳐 갔다. 그럼에도 불구하고 한국교회는 사회발전과 함께 1990년대까지는 상상할 수 없을 정도로 계속되는 성장과 변화를 거듭해 왔다. 그러다가 1990년대가 되어 급격한 세속주의와 인본주의가 들어오면서 교회가 더 이상 사회에 대체적인 필요와 기쁨을 주지 못하는 요소로 작용하고, 한국교회는 침체기의 내리막길을 걷게 되었다.

세계교회협의회(WCC) 총무였던 에밀리오 카스트로는 한국교회 양적 성장의 핵심적 요인은 교회 자체에 있다기보다는 교회의 외적인 요소가 훨씬 더 크다고 말하였다. 특히 정치, 경제, 사회적 상황의 불안이 사람들로 하여금 교회로 몰려오게 하는 중요한 이유가 되었다는 것이다. 그러나 이 주장은 한국교회 성장의 요인을 너무 단순화한 표현으로, 빙산의 일각과 같이 너무 얕고 표면적인 부분만 이야기한 것이다. 따라서 한국교회 부흥성장의 요인을 기술하면 다음과 같이 여러 구조적, 영적 요인으로 나눠볼 수 있을 것이다.

한국교회 부흥의 비결

첫째, 한국교회의 부흥은 '**성경 공부의 부흥**'이었다. 한국교회 부흥의 핵심은 성경을 중시하고 성경 공부를 강조한 결과였다. 평양신학교 교장이었던 마포삼열 목사님의 주장대로 한국교회는 초기부터 성경을 존중했고, 부흥사경회를 통해 교인의 신앙이 내재화되었으며, 성경 공부가 교회 부흥의 핵심이었다는 것이다. 사실 한국교회 초기에는 '성경사경회'가 불 일 듯이 일어나며 전국을 뒤덮었다. 이것은 오늘날에도 여전히 교회 부흥의 큰 비결이 될 것이다.

둘째, 한국교회의 부흥은 '**전도 중심의 부흥**'이었다. 한국교회는 전도에 대단히 힘을 쏟는 교회였다. 자치, 자립, 자력 전도의 세 가지 원칙을 중요하게 여기는 네비우스(Nevius) 원리를 따라 일찍부터 전도를 교회 사역의 핵심으로 생각했다. 그리고 가정, 직장, 교회 가릴 것 없이 매일 전도의 운동이 폭발적으로 번져나가며 사람들이 교회로 몰려드는 현상이 나타났다. 마치 성경의 초대교회와 같은 전도의 일들이 일어난 것이다.

셋째, 한국교회의 부흥은 '**기도 중심의 부흥**'이었다. 한국교회 부흥은 뭐라 해도 기도를 빼놓을 수 없다. 예수님도 기도 외에는 이런 유가 나올 수 없다고 하시지 않았는가? 특별히 한국교회는 새벽기도를 위시해서 일상생활, 교회 생활, 예배생활에서 정말 뜨겁게 기도하는 공동체였다. 성령의 부흥은 사람이 인위적으로 만들 수 없다. 그것은 하나님의 선물이다. 기도하는 가정, 기도하는 교회는 망하지 않는다. 기도하는 자에게는 하나님이 원하시는 시간과 장소에서 반드시 응답하시고 부흥케 하시는 역사가 있다.

넷째, 한국교회의 부흥은 '**사랑 중심의 부흥**'이었다. 한국교회는 뜨겁게 사랑하고 섬겼다. 전도하면 그 사람을 왕처럼 떠받들고 도와주고 섬기며 사랑의 관계를 형성했다. 초대교회처럼 고아, 과부, 노인, 병자, 가난한 자, 노숙자, 떠도는 자들을 교회로 불러들이고 돌봐주고 거주하게 해주고 도와주었다. 병자들을 고쳐주고, 일자리를 구해주고, 심령이 답답한 자를 심방하고 위로해 주었다. 옛날에는 교회에서 초콜릿, 빵, 아이스크림을 주었고 아이들도 그것을 보고 교회로 엄청나게 몰려들었다. 그때는 사랑에 목말랐고 또 필요한 시기였다. 지금은 시대적 상황이 달라졌지만, 그런 사랑의 원리는 더 연구해서 현재의 교회사역에도 지속될 수 있도록 개발해야 부흥의 재도약을 만들 수 있을 것이다.

다섯째, 한국교회의 부흥은 '**회개 중심의 부흥**'이었다. 한국교회에 부흥이 온 방식은 죄에 대한 깊은 각성과 회심, 지속적인 기도생활, 말씀에 대한 사모, 전도와 영혼 구원의 불타는 열정, 피 묻은 십자가의 자랑, 하나님 영광과 임재에 대한 갈증, 거룩한 삶과 경건의 추구, 성령의 부어주심 등이다. 그중에서도 맨 먼저 나타난 운동이 회개와 대각성과 회심의 역사였다. 특히 평양 대부흥 운동도 회개 운동에서 시작되었고, 말씀사경회 운동도 심각한 회개 운동을 동반했다. 70년대 빌리 그레이엄 목사의 여의도광장 집회에 모인 100만의 성도들의 회개 운동은 한국교회에 폭발적인 부흥의 계기가 되었다. 항상 교회 부흥이 일어나는 곳에는 먼저 회개와 성결이 뒤따르는 것을 알 수 있다.

여섯째, 한국교회 부흥은 '**기복적인 신앙**'도 한몫을 담당했다. 특히 한국사회의 종교심은 다른 나라에 비해 월등히 높다. 교육열도 탁월히 높다. 성공하고 싶고, 문제 해결 받고 싶고, 소원성취하고 싶은 마음이 간절했기 때문에 무당에게도 찾아가고, 법당에 가서 기도도 하고, 조상들에게 제사도 드리는 것이다. 그런데 이런 기복적 종교심이 기독교에 들어오면서 타 종교보다도 훨씬 더 강력한 능력과 축복의 역사가 일어나는 것을 보며 교회로 몰려들게 된 것이다. "예수 믿으면 복 받습니다! 예수 믿으면 능력 받습니다! 예수 믿으면 잘삽니다!"

실제로 한국 성도들이 법당에서 기도하면 애를 못 낳았는데 교회 와서 새벽 기도하면 애를 쑥~ 낳기도 하고, 다른 데서는 실패했는데 교회 나오면서 축복의 길이 열리는 간증들이 쏟아졌다. 이처럼 타 종교에 비해 기독교의 기복적 능력이 더 강하게 나타나는 증거도 교회 성장과 부흥에 큰 몫을 했다고 할 수 있다. 아주 미성숙한 방법이지만 여전히 한국교회는 이 스타일을 버리지 못하고 있다. 시대가 달라졌는데도 말이다.

일곱째, 한국교회의 부흥은 '**현대 산업화의 물결**'의 영향이었다. 한국사회는 60년대 이후 급격한 산업화의 물결을 이루며 성공에 대한 염원이 채워지는 신화가 창조되었다. 새마을운동, 경제개발 5개년계획 등 산업의 발달과 잘살아보겠다는 의지와 단결이 성공 신화를 만들었고, 이때 교회도 외적 팽창과 양적 성장에 혈안이 되어 성도들의 헌신과 충성과 봉사가 최정점에 달하여 교회 건축과 부흥에 큰 몫을 하게 되었다. 1960~90년대는 교회 깃발만 꽂아도 부흥되는 시대였다. 그만큼 성공 신화에 대한 열정과 헌신이 깃든 사회문화적 흐름에 따라 뜨거운 열정과 헌신의 모습이 교회를 부흥시키는 원동력이 되었다.

여덟째, 한국교회의 부흥은 '**기독교 선진 개혁 사상**'의 주도적 영향을 받았다. 조선 말기, 일제 강점기에 기독교인들은 독립투사로, 나라를 이끌어가는 개혁자들로 선두에 있었다. 3·1운동을 주도했던 33인 중 기독교 지도자가 16명이었고, 대한민국 초대 대통령 이승만도 기독교인이었고, 대한민국 임시정부 주석이었던 김구 선생님도 기독교인이었다. 대한민국 첫 국회도 기도로 시작했으며, 대한민국 헌법도, 국가에도 기독교 가치와 얼이 담겨 있다. 이처럼 기독교인들이 사회에서도 지도자들로서 빛과 소금의 역할을 감당했기 때문에 교회의 위상과 가치도 높아졌고, 전도와 부흥에 큰 역할을 하는 기회가 되었다. 그런데 오늘날은 오히려 기독교인들이 사회로부터 역으로 지탄받고 욕을 먹고 있으니, 이 또한 기독교 부흥의 저해 요소라 아니할 수 없다.

한국교회 쇠퇴의 역사

한국교회는 **90년대 이후**로 급속도로 쇠퇴해 가고 있다. 서구교회가 300년에 걸쳐 서서히 쇠퇴의 길을 걸어온 것에 반해 한국교회는 불과 **30년 만**에 침체의 길을 걷고 있다는 사실이다. 한국교회의 쇠퇴 현상을 다음 몇 가지로 분류할 수 있다. 올바로 진단하고 타개했으면 좋겠다.

첫째, 한국교회의 **양적 감소**이다. 이제 더 이상 한국교회는 양적으로 부흥하지 않는다. 교단마다 감소세가 뚜렷하다. 더 이상 교회로 몰려들지 않는다. 주일학교가 없는 교회가 50% 가까이 된다. 한국에 미자립 교회, 작은 교회가 80% 이상이다. 1년에 2,000개의 교회가 세워지면 3,000개의 교회가 문을 닫는다. 코로나 상황에서는 13,000개의 교회가 문을 닫았다고 한다. 더 이상 한국사회가 한국교회에 매력을 느끼지 못한다는 것을 알 수 있다.

둘째, **신학교와 선교사의 감소**이다. 신학교 지원자 수가 급격히 줄어들었다. 현재 한국 교단의 큰 신학대학들도 미달 사태를 맞이하고 있다. 목회자가 되려는 사람이 줄어들고 있다는 것은 교회 감소에 심각한 원인이 된다. 신학교를 졸업해도 교회 현장 사역을 하려고 하는 사람이 별로 없다. 사역이 너무 힘들고, 좋은 조건과 환경을 따지기 때문에 지원을 하지 않는다. 교회의 가치가 떨어지니 신학교 지원도, 선교사 지원도 줄어들고, 교회 사역지를 찾는 사람도 줄어드니 한국교회 전체 성장의 심각한 저해 요소가 되지 않을 수 없는 것이다.

셋째, 한국교회의 **질적인 하락**이다. 교회의 수준이 70~80년대 신앙에 머물러 있다. 사회도 문화도 시대도 앞서가며 변화되고 있는데 교회만 변화되지 않았다. 여전히 기복신앙과 성공 신앙의 가치에 매몰되어 신앙의 수준이 더 이상 앞으로 나아가지 못하고 있다. 목회자의 거룩성이 상실되고, 평신도의 세속화가 짙어지며, 점점 더 교회의 질적 수준은 낮아지고 밑바닥을 치며 사회로부터 온갖 비난과 질책을 받고 있다. 그러다 보니 기독교의 영향력이 급격히 상실되고, 반기독교의 정서가 확산되어 나가며, 교회에 대한 부정적인 이미지는 점차 더 심각해졌다.

마지막으로, **교회 세속화**가 너무 깊숙이 스며들었다. 목회자의 교회 사유화, 물질만능적인 목회, 평신도들의 가족 중심의 개인주의 문화, 주말 레저 활동의 증가, 행복 신앙 마인드, 교회를 기업식으로 생각하는 가치, 교회 직분 헌금 매매, 목회자의 도덕적 타락, 평신도의 헌신 결여, 이단사상과 한국교회의 분열, 예배의 질적 하락 등으로 인본주의적인 가치가 교회에 만연되어 교회의 거룩성을 상실시키고 있다. 그런데 이런 세속화된 문화가 교회 속에 한순간 침범한 것으로 끝난 것이 아니라 계속 교회 안에 체계적으로 정착되어 수술할 수 없을 정도로 마비되어 버렸다.

평신도들이 모르는 것 같아도 다 안다. 세상이 모르는 것 같아도 다 안다. 목회자만 모른다고 한다. 이제 이런 세속화된 문화를 **청빈, 순종, 섬김**으로 다시 회복하는 계기가 되어야 할 것이다.

한국교회의 바람직한 부흥의 목표

결론적으로 앞으로 한국교회가 부흥하기 위해서는 어떻게 해야 가장 이상적인 방법이 될지를 고민하며 연구해 본다. 또 그렇게 함으로써 한국교회 쇠퇴의 역사를 타산지석으로 삼아 앞으로 더욱 지속적인 부흥 전략의 기준을 높여가야 할 것이다.

첫째, 먼저 **질적인 성장** 목표이다. 모든 교회는 질적 성장이 받쳐주지 않으면 모래 위에 지은 집이 된다. 바람이 불고 폭풍이 치면 언제 무너질지 모르는 상태이다. 교회 개척도 질적 성장부터 해야 한다. 그래야 들어오는 이도 질적 성숙의 신앙을 갖게 될 것이다. 교회 목회도 질적 성장에 초점을 맞춰야 한다. 예배 훈련, 제자 훈련, 기도 훈련, 영성 훈련 등 하나하나 천천히, 비록 더딜지라도 교회의 질적 수준을 고급스럽게 성장시켜 나가야 빠져나가는 사람 없이 성장의 속도를 조금씩 높일 수 있을 것이다.

둘째, **양적 성장**도 무시할 수 없다. 구성원의 수가 증가하는 것에도 관심을 가져야 한다. 고이면 썩는다. 너무 정체되면 힘을 잃게 된다. 교회 부흥도 양적 부흥이 너무 없으면 침체되며, 역동성이 떨어진다. 양적 성장도 함께 이뤄져야 일꾼도 생기고 인재도 추릴 수 있다. 만약 양적인 성장이 안 이뤄지면 목사님만 혼자 다 하시고, 교회 일꾼도 몇 명이 일인 다역을 하다 보면 탈진되고 지칠 수 있다. 그래서 교회는 전도의 역사가 일어나도록 교회사역을 집중할 필요가 있는 것이다.

셋째, **거룩한 성장**이 이뤄져야 한다. 아무리 교회가 양질의 성장을 이루어도 의롭고 거룩한 삶의 모습이 나타나지 않으면 무너지게 된다. 교회 본질의 우선순위는 부흥과 성장이 아니라 거룩함이다. 그리스도의 제자답게 성숙하지 않으면 교회의 존재 가치가 상실된다. 빛을 잃고 소금의 맛을 잃는다. 그러므로 교회는 세상 사람들보다 도덕적 기준을 높여야 하고, 거룩한 가치를 앞세우며, 의와 거룩함과 사랑과 평화가 실현되도록 높은 수준의 성숙을 지향해 나가야 비로소 사회에서도 인정받고, 전도의 기능도 회복될 것이다.

넷째, **동반 성장**을 하는 것도 중요하다. 교회도 작은 교회, 큰 교회가 있다. 또 당회, 노회, 대회, 총회, 지역교회와 선교단체 등이 있다. 교회는 이들과 유기적 관계를 맺으며 동반성장해 나가야 한다. 만약 한국교회가 너무 개교회주의적인 관점만 가지고 교회 활동을 한다면 한국교회 전체에 해악을 끼치는 존재가 되며, 교회의 사명을 효율적으로 잘 감당할 수 없을 것이다. 따라서 큰 교회는 작은 교회를 돕고 세워야 하고, 작은 교회는 큰 교회와 네트워크를 이뤄 배우고 성장하는 관계를 모색해야 한다. 또 지역교회도 복음화를 위해 서로 유기적 관계로 동반성장의 기능을 가져야 전체 지역교회가 성장하는 것이다. 특별히 작은 교회를 세우는 운동이 한국교회에 전체적으로 일어나야 한다. 작은 교회가 살아야 한국교회가 살며 동반성장의 가치를 이룰 수 있는 것이다.

다섯째, 다음 세대까지 계속적으로 이어지도록 **길게 성장**해야 한다. 교회는 주님 재림 때까지 계속 성장하는 것이 주님의 뜻이다. 그런데 역사적으로 볼 때 한순간 반짝 부흥하다가 쇠퇴하는 교회가 교회사에 얼마나 많았던가. 소아시아 교회, 유럽 교회, 서구 교회들이 이런 양상을 띠었다. 그 이유는 다음 세대를 사사기 시대처럼 다른 세대로 변질시켰기 때문이다. 한국교회가 미래를 바라보며 길게 성장하기 위해서는 초대교회처럼 복음의 순수성을 지키고 다음 세대를 살리고 키우고 계승시키는 신앙의 역사성을 길러야 한다.

한국교회 부흥의 목회자 역할

한국교회 부흥은 목회자 리더십과 밀접한 관계가 있다. 한국교회 부흥의 역사를 보더라도 교회 부흥은 훌륭한 목회자들의 리더십에 의해 좌우된 경우가 많았다. 그것은 목회자의 설교, 기도, 행정, 심방 등 목회의 리더십 스타일에 의해 교회 부흥의 속도가 확연히 달라졌기 때문이다.

특별히 교회 성장학의 다양한 학자들이 이구동성으로 목회자의 리더십 역할이 강하고, 성도들의 응집력이 강해질 때 교회는 확연히 성장하고 부흥한다는 연구 결과들을 많이 발표했다. 그것들을 수집해 보면 목회자의 리더십 수행이 다음과 같을 때 교회는 폭발적 성장과 부흥의 역사가 나타났다고 말한다.

첫째, 목회자가 **'목표 설정자로서 리더십'**을 가질 때 교회가 한층 더 높은 성장의 잠재력을 가졌다고 한다. 다시 말해 목회자는 교회 성장의 비전을 제시하는 목표 설정자여야 하고, 그것을 위해 현장에서 뛰는 사람은 평신도여야 한다는 것이다. 이것이 거꾸로 되어 평신도가 목표 설정자가 되고, 목회자가 현장에서 뛰는 유형이 되면, 그만큼 교회 성장의 잠재력은 떨어진다는 것이다. 즉 목회자의 설계와 기획에 따라 현장에서 뛰는 평신도 봉사자가 많아야 교회는 훨씬 더 성장 잠재력이 크다는 것이다. 따라서 목회자가 확실한 꿈과 비전과 강력한 카리스마적인 리더십으로 교회를 이끌고 가야 부흥과 성장의 더 높은 발전을 향해 달려갈 수 있는 것이다.

둘째, 목회자가 '**영적 지도력과 행정 기획력**'을 균형적으로 수행할 때 부흥 성장의 길을 걸었다. 그것은 목회자가 과학적인 현장 조사와 미래의 예측을 통해 교회 성장의 목표를 구체화하고, 평신도들에게 주도적으로 현장에서 열심히 뛸 수 있도록 동기유발을 주며, 책임감과 사명감을 위해 비전과 꿈을 심어주어야 한다는 것이다. 그러기 위해서는 먼저 뜨거운 기도와 말씀의 영적 권위의 리더십을 가지고 있어야 하며, 또 어려운 교회 현장의 상황을 역전시킬 과학적 분석과 고도의 발전적 기획, 단계적 타개책을 마련하는 행정 전문가(specialist)가 되어야만 한다는 것이다.

더욱이 목회자에게는 기도와 말씀의 영적인 권위가 없으면 허리 구조의 평신도들이 결코 그 리더십에 따라오려 하지 않을 것이다. 그러므로 주도적인 목회자는 절대적인 영적인 권위를 가지고 평신도들에게 자기 사명을 깨닫게 비전을 심고 교육하며, 그것을 현장에서 적극적으로 실현하도록 적절한 행정 시스템을 만들어 평신도 리더십이 개발되도록 도와주어야 하는 것이다.

셋째, 목회자 자신이 먼저 교회를 위해 **'어떤 희생'**도 주저하지 않을 때 폭발적인 성장의 역사가 있었다. 우선 목회자가 모든 면에 희생의 선봉장이 되어 열심히 뛰어야 한다. 솔선수범의 본이 되는 것이다. 설교도, 봉사도, 헌금도, 사역도, 행정도 희생의 본이 되어야 한다. 목회자는 교회 비전과 사역을 평신도들이 자발적으로 따라오도록 희생의 본을 보이고, 사역을 디테일 적으로 시스템화해야 한다. 특별히 목회자는 교회의 본질이 하나님 나라 확장과 전도에 있음을 열심히 교육하고, 평신도들도 그것을 위해 생명을 조금도 귀한 것으로 여기지 않는 열정을 갖게 해야 한다. 한마디로 목회자가 먼저 솔선수범하여 희생하면, 평신도들도 희생하며 따라오고 교회는 건강하게 배가가 되는 것이다.

더욱이 목회자가 강력한 리더십을 소유하고 그것을 추진할 때는 과정 활동(activities)적인 면보다는 **'결과 성취(achieve)적인 면'**에 초점을 맞추어야 한다. 왜냐하면 성취가 많을수록 강력한 리더십이 발휘되지만, 성취는 없고 활동만 있으면 지도력이 약화되기 때문이다. 그래서 목회자가 치러야 할 진정한 대가는 강력한 리더십에 대한 희생과 성취이고, 평신도들이 치러야 할 대가는 목회자의 리더십에 대한 절대적인 순종과 열심이라고 할 수 있다. 그리고 강력한 리더십을 끌고 가는 고려 사항 중 하나는 인정과 보상 제도의 활용도 무시할 수 없는 덕목이 된다는 것을 잊지 말아야 할 것이다.

마지막으로 넷째, 목회자가 강력한 **'설득의 리더십'**을 확보할 때 교회는 부흥성장의 길을 걸어왔다. 설득의 리더십에는 아리스토텔레스의 설득 3요소가 있다. 첫째, '로고스(LOGOS)의 설득'이 있다. 논리와 이성의 설득이다. 둘째, '파토스(PATHOS)의 설득'이 있다. 열정과 감동의 설득이다. 셋째, '에토스(ETHOS)의 설득'이 있다. 일관된 진정성의 설득이다. 진심은 통한다는 것이다. 목회자는 이런 세 가지 조건의 설득 미학을 잘 갖춰야 한다. 이렇게 하기 위해서는 목회자가 성도와의 태도에서 매사에 변명하면 안 된다. 약속은 반드시 지켜야 한다. 말을 자꾸 번복하면 안 된다. 공과 사를 분명히 구분할 줄 알아야 한다. 자기 이익을 위해 남을 음해하는 사람이 되면 안 된다. 코람데오의 경건한 사람이 되어야 한다는 것이다.

특별히 설득의 리더십은 '말의 능력'을 통해 나타난다. 왜냐하면 그 사람의 말을 통해 마음을 사로잡는 리더십의 힘이 나오기 때문이다. 그래서 목회자는 항상 존중의 말을 해야 한다. 배려심 있는 말을 해야 한다. 경청을 잘해야 상대의 마음을 얻을 수 있다. 공감의 말을 해야 한다. 논리력을 증진해야 한다. 그 말의 의미와 배경을 이해하고 있어야 한다. 더욱이 사랑의 말보다 더 감동적인 말은 없다. 유능한 목회자는 이런 설득의 경험과 고민의 성찰과 실행을 통해 점점 더 성숙하고 발전해 가는 것이다.

더욱이 교회는 목회자의 리더십 크기만큼 성장한다. 그 리더십은 설득의 미학을 통해 변화를 이끄는 것이다. 그 변화는 목회자가 먼저 비전과 변화의 본보기가 되어야 하고, 또 변화를 주도하는 조직과 팀을 잘 형성해 눈에 띄는 성과를 창출해야 한다. 이것이 '설득의 리더십'을 확보한 목회자의 가장 중요한 영향력이라 할 수 있다.

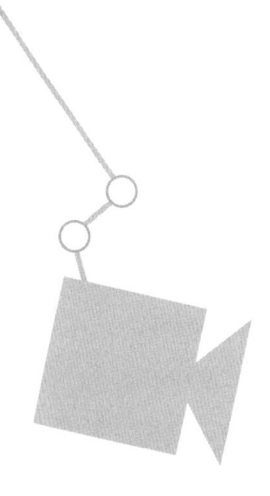

04.
미래교회 부흥의 비결

미래를 바라보는 시각

21세기는 럭비공의 시대라고 한다. 럭비공이 어디로 튈지 모르듯이 이 시대는 어디로 흘러갈지 모르는 불확실한 시대라는 것이다. 실제로 현대인들도 미래에 대해 불안을 느낀다. 지금은 극한 경쟁과 예측불허의 사회적 변화로 인해 미래를 어떻게 준비해야 할지 짐작조차 힘들 정도로 어렵다.

실제로 과학이 발달하고 인간수명이 늘어나며 문화도 고급화되었지만, 정작 인간의 외로움과 고독, 불안과 염려는 더욱 커졌다. 우울증, 조울증, 강박증, 사이코패스, 소시오패스 등으로 각종 범죄와 어두움의 권세는 판을 치고 있다. 더욱이 세상은 개인주의, 이기주의, 세속주의 영향으로 더 각박해졌고, 인간미가 상실되었으며, 극심한 타락과 부패의 진원지로 변모되어 버렸다.

왜 이렇게 되었는가? 여기에는 몇 가지 특징적인 '사회 문화지수'와 '영성 문화지수'의 흐름과 변화가 있었기 때문이다. 앞으로 이런 변화의 흐름을 읽지 못하면 미래에는 결코 살아남을 수가 없다. 점점 도태될 수밖에 없다. 고인 물이 되고 썩어버린다.

첫째, '감성주의 문화의 변화'이다.

오늘날 현대는 지성보다 감성이 앞서는 시대이다. 물론 지성지수(Intelligent Quotient)도 여전히 중요하지만, 그보다 이제는 감성지수(Emotional Quotient)를 높이지 않으면 성공할 수도 없고, 행복할 수도 없는 구조가 되었다. 요즘 젊은 세대는 옳고 그름보다 좋고 싫고를 따지는 감성문화로 이동했다. 그동안 지성 중심의 문화로 살았는데 감성은 행복하지 않았다. 머리는 커졌는데 가슴은 아파 멍들어 버렸다. 그것이 싫어서 이제는 내 감성대로 행복한 인생을 살고 싶은 사람들이 많아졌다. 좋은 관계, 좋은 대화, 좋은 기분, 좋은 분위기, 좋은 성취감, 좋은 사람 등을 기대하는 시대가 되었다. 사람과의 이야기도 감동 토크, 펀 토크, 열정 토크, 편한 토크, 경험 토크 등을 선호하는 감성문화가 주류를 이루고 있다.

교회도 마찬가지이다. 현대교회는 지성주의 교회보다 감성주의 교회가 훨씬 영향력이 크고, 교회 부흥과 새신자 전도 효과도 높다. 교회 프로그램도 지성적 프로그램보다 감성적 프로그램을 활용하는 교회가 더 부흥하고, 성도들의 성취감과 만족도도 높은 것을 알 수 있다. 설교도 지성적인 설교보다는 감성적인 설교를, 율법적인 설교보다는 은혜로운 설교를, 가르치는 설교보다는 치유 상담적인 설교를, 논리적인 설교보다는 이야기식 설교를, 삼대지 설교보다는 원포인트 설교를, 딱딱한 설교보다는 재미있는 설교를, 어려운 설교보다는 쉽고 편한 설교를 훨씬 더 좋아하고, 거기에 감동을 받으면 성도의 변화와 영향력도 더 크다는 것을 알 수 있다.

둘째, '개인주의 경향의 문화 변화'이다.

현대는 전체주의적인 개념이나 전체 공동선에 대한 개념보다는 자기중심적이고 개인주의적인 개념이 훨씬 더 많은 시대라 하겠다. 다른 사람을 보지 않는다. 나만 좋으면 된다. 다른 사람이 내 스타일을 갖고 뭐라 하면 강요, 간섭, 부담, 규율, 잔소리라고 생각하고 심한 알레르기 반응을 일으키며 싫어한다. 무엇이든지 억지로 하는 것을 싫어한다. 'me-generation'의 시대이다. 모든 인생을 나 중심의 관점에서 바라보는 시대가 되었다. 이것을 다른 말로 해석하면, 나 자신이 존중받고 사랑받고 축복하는 문화가 대안이 되는 사회가 되었다는 것이다.

교회에서도 마찬가지이다. 현대교회에도 교회 부흥의 공동선보다는 개인이 행복한 신앙생활을 우선시하는 문화가 형성되었다. 그래서 본인이 선호하는 문화적 공유, 신앙의 따뜻함, 쓴 뿌리의 치유, 설교 스타일의 맞음, 선도적 자녀교육과 자아 개발 등 본인과 자기 가족에게 도움이 되는 곳으로 찾아간다.

이제는 점점 목회자 중심의 시대가 지나가고 한마디로 소비자 중심, 서비스 중심의 시대로 바뀌고 있다. 평신도들은 자기들이 원하는 목회자상을 갖고 있다. 그것이 충족되지 않을 때는 떠나거나 목회자를 압박하기도 한다. 그러므로 현대 목회자는 평신도들이 원하는 것이 무엇인지를 반드시 알아야 한다. 그들의 필요와 욕구를 간파해야 한다. 그리고 그들이 즐겁게 신앙생활 잘할 수 있도록 도와주어야 한다. 이것은 옳고 그른 문제가 아니라 현대문화 성향이 그렇게 흘러가고 있기 때문이다. 그들의 개인 신앙문화를 따라 잘 맞추어주면, 오히려 그들이 좋기만 하면 이전보다 훨씬 더 변화와 도전으로 크게 성장하는 것을 볼 수 있다.

셋째, '실용주의 문화의 변화'이다.

21세기는 각각의 나라마다 실용주의 문화가 주류를 형성했다. 개인 이기주의, 집단 이기주의, 국가 이기주의 문화가 팽배해졌다. 갈등이 더 많아졌다. 조율과 타협이 줄어들었다. 증오와 폭력이 난무한다. 다 실용주의 문화의 결과이다. 이제는 무한경쟁의 시대에 접어들면서 내게 필요한 정보나 지식, 탁월한 스펙과 능력을 소유함으로 상대적으로 우월한 리더십을 확보하려는 경향이 강해졌다. '그것이 내게 왜 필요한가? 나의 성공에 도움을 주는 것인가? 우리 가족에게도 도움을 주는가? 왜 내가 그 공부를 해야 하는가? 내 인생에 도움이 되지 않으면 무엇 때문에 해야 하는가?' 등등 내게 필요하다고 설득되지 않으면 과감히 절단해 버리는 시대가 되었다. 한마디로 사명과 가치보다는 이익으로 사는 시대로 바뀌었다.

현대교회도 마찬가지이다. 지금까지는 율법적이고 예전적으로 거룩하고 경건한 예배의 모습을 추구했다면, 이제는 기존의 틀을 깨는 실용적인 패턴의 예배로 바뀌었다. 우선 예배순서가 필요한 것만 하는 형식으로 단순해졌다. 찬양 시간이 길어졌고, 설교 시간이 줄어들었다. 찬양 패턴도 느린 찬양보다는 빠른 찬양을 선호한다. 특히 젊은 세대는 똑같은 것을 싫어한다. 주제는 같아도 곡과 가사는 자주 바뀌는 것을 좋아한다. 매일 반복적으로 부르는 찬송가보다는 외국의 복음송이나, 빠르고 높은 음의 곡들을 자유자재로 부르는 것을 좋아한다. 이제는 설교도 듣는 설교에서 보는 설교로, 지식적인 설교에서 경험적인 설교로, 수동적인 설교에서 참여하는 설교로, 이성적 설교에서 감동적 설교로, 모방의 설교에서 능력의 설교로, 평범한 설교에서 비범한 설교, 추상적인 설교에서 구체적인 설교로 변화하고 있다. 모두가 다 실용주의 문화의 영향이라 할 수 있다.

넷째, '행복주의 문화의 변화'이다.

21세기는 물질적으로 풍요로운 시대를 살다 보니 성공주의보다는 행복주의의 문화로 바뀌었다. 다시 말해, 인생이 배부르고 등 따뜻하다 보니 이제 마음의 평화와 정신적 만족과 잘살기를 원하는 웰빙(well-being)의 시대로 바뀐 것이다. 전에는 먹고 사는 생존의 욕구에만 관심이 많았는데, 이제는 인정과 사랑과 인격 존중과 명예에 대한 욕구가 점점 더 강해진 것이다. 그래서 관계 속에 쌓인 상처와 불안과 문제와 갈등으로 인한 우울증, 강박증, 분노와 무력감, 염세적이고 고독한 정체성, '아~ 미치겠네!' 하며 응어리진 것을 폭발시키고 싶어 하는 쾌락주의 문화가 난무해졌다. 이것이 예술과 체육과 종교와 일탈 등으로 나타나게 되었다.

교회 안에서도 마찬가지이다. 성도들의 관심이 교회가 크게 부흥 성장하는 것보다는 건강한 교회, 행복한 교회를 추구하는 경향이 강해졌고, 성도들의 개인 신앙도 갈등 치유와 가족 치유, 문제 해결, 자녀 교육의 질적 향상, 성도 간의 화합과 사랑의 봉사 등에 더 관심을 두는 문화가 형성되었다. 그래서 21세기 교회 목회 방향도 성공적인 교회 부흥의 성장에 초점(focus)을 맞추면 성도들이 눈살을 찌푸리며 부담스러워하는 현상이 나타나고, 행복한 실제적 신앙생활을 위한 가이드라인을 말할 때는 적극적인 참여와 필요를 느끼게 된다. 그렇기에 현대 목회 방향도 건강, 치유, 가족, 관계, 사랑, 행복, 연합, 성숙, 리더십 등의 well-being에 관한 프로그램과 노후대책, 행복한 노년의 삶, 잘 죽는 법, 행복한 임종, 죽음 준비 교육 등 well-dying에 관한 프로그램에 초점을 맞추면 성도들의 필요에 맞는 건강한 목회가 될 것이다. 이것도 행복주의 사회문화의 영향이라 할 수 있다.

다섯째, '다원주의 문화의 변화'이다.
다양성의 시대가 왔다. 개성의 시대가 왔다. 상대적 존중의 시대가 왔다. 즉 유일무이한 절대 진리주의보다는 상대주의가 절대 선이 되어버렸다. 기독교 가치가 힘들게 되었다. 오직 예수를 외치는 순간 배타주의라고 사방팔방에서 공격하며 극단적 극우세력이라고 몰아붙인다. 절대 선도 없고, 절대 악도 없는 상대적인 모호함의 존중만이 선이 되어버렸다.

예를 들어, 내가 존중받듯이 상대도 존중받아야 한다. 내 종교가 존중받듯이 다른 종교도 존중받아야 한다. 남자가 존중받듯이 여성도 존중받아야 한다. 양성 인격이 존중받듯이 동성애자와 같은 성 소수자들도 사회에서 똑같이 존중받아야 한다는 것이다. 이런 다원주의가 전 세계적으로 밀려와 사회가 비윤리적, 비도덕적인 체계가 되었고, 대신 모든 상황이 존중과 타협, 중재와 민주적 절차로 이뤄지는 다양한 세상이 되어버렸다. 다원주의가 나름의 장단점이 있지만 기독교적 입장에서는 복음 전도가 매우 힘든 시대적 과제 앞에 놓인 것이다.

지금 교회도 다원주의의 영향으로 골머리를 앓고 있다. 기독교 통계를 보면 천국이 없다고 생각하는 교인이 40%가 넘는다고 한다. 이혼도 성경적 기준 없이 마음대로 해버리는 시대가 되었다. 심지어 자살도 괜찮다고 한다. 더욱이 동성애도 좋다고 지지하는 목사, 평신도들이 많아지고 있다. 교회에서도 인권의 목소리는 높아지고 하나님 중심, 성경 중심, 교회 중심의 청교도 신앙은 무너져가고 있다.

그러나 이런 것은 바로잡아야 한다. 그러려면 시대적 문화를 읽을 수 있어야 한다. 문제는 방법이다. 다원주의 시대에 강요와 억압, 압력과 권위주의는 파멸의 무덤이다. 따라서 성경적 지도를 위해서는 권위적 강요보다는 존중하는 청유적 권면, 일방적인 지시보다는 설득적 권면, 단회적인 교육보다는 반복적인 교육, 평범한 권면보다는 독보적 설득력을 갖춘 권면, 무대포 권면보다는 합리적이고 창의적인 권면, 개인적인 권면보다는 연합적이고 단합적인 권면, 단답형의 권면보다는 선택적 대안의 권면이 필요한 시대가 되었다. 한국교회는 이런 다원주의 문화를 잘 이용해서 건강한 하나님 나라와 기독교 세계관을 바르게 세워나가야 할 것이다.

여섯째, '갈등주의 문화의 변화'이다.

21세기는 세대 차이, 지역 차이, 성격 차이, 이념의 차이, 학벌 차이, 취미 차이, 문화 차이, 가치관의 차이, 인종의 차이, 대륙의 차이 등 너무 많은 갈등이 존재하는 시대이다. 다양한 시대에 나타나는 자연적인 현상이라고 할 수 있다. 이것은 개인, 가정, 교회, 직장, 사회, 전 지역에 걸쳐 나타나는 총체적인 현상이 되어버렸다. 이제는 어디를 가나, 어느 단체나, 어느 국가나 정치, 경제, 사회, 문화, 종교를 막론하고 거의 '갈등 조정 기구'가 없으면 안 될 정도로 패닉 상태가 되었다. 말해도 소용없고 힘으로만 밀어붙이려는 경향이 있고, 자기 뜻이 관철되지 않으면 더욱이 옆에 있는 사람까지도 파괴하고 돌아서는 극단주의 현상까지 덮치게 되었다. 갈등의 극치를 이루는 이기적인 문화현상이다.

이것은 교회 안에도 침투하였다. 직업에 따라, 학력에 따라, 지역에 따라, 세대에 따라, 직분에 따라, 자녀들 성향에 따라, 취미에 따라, 성격에 따라, 기질에 따라 등등 여러 가지 이유로 짝을 짓기도 하고, 동형그룹을 형성하며 교회 생활을 한다. 그런데 문제가 없을 때는 괜찮은데 간혹 여러 관계가 얽히고설키며 서로 이질감이 느껴지거나 반감과 적대감, 실망과 좌절감이 느껴질 때는 가차 없이 거친 투쟁을 하거나 도피하거나, 침묵하거나 등등 직간접의 갈등상태로 빠지게 된다. 예배 중인데도 피 터지게 싸우기도 하고, 주차장에서 만나 싸우기도 하고, 앞뒤 전후 따지지 않고 걸리기만 하면 죽인다는 식으로 갈등과 분열을 조장하는 세력이 생기게 되었다. 참으로 안타까운 사실이다.

그래서 교회에도 '갈등 조정 기구'가 필요한 것이다. 우선 갈등을 잘 조절할 수 있는 **'화합형의 리더'**를 세워야 한다. 화합형의 리더가 화합형의 조정 기구가 될 수 있다. 둘째는 **'화합형의 조직'**을 만들어야 한다. 화합형의 조직은 그룹 크기를 줄이고 소그룹을 많이 만드는 것이 효율적이다. 소그룹도 무조건 줄인다고 좋은 것이 아니라, 안정적인 소그룹을 만드는 것이 중요하다. 셋째는 **'긍정적인 에너지 전환'**을 유도해야 한다. 그런 분위기를 선점해야 한다. 윌필드 트로터는 무리는 성난 본능이 있다고 했다. 레본이라는 학자는 부정적인 무리의 역량은 2배 이상의 전염성이 있기에 부정적인 분위기를 전환하려면 5:1의 법칙을 따라야 한다고 했다. 가령 부정적인 한 마디를 들으면 그것을 상쇄하기 위해 다섯 번의 긍정적인 이야기를 해야 한다는 것이다. 부정적인 한 사람이 있으면 긍정적인 사람 다섯 명이 있어야 커버가 된다는 것이다. 그만큼 부정적인 에너지를 덮으려면 5배의 노력이 필요하다는 것이다. 이렇게 에너지 전환의 긍정적 조직, 긍정적 사람을 세우는 리더십이 있을 때 갈등이 완화되며, 발전적인 공동체로 변화하게 될 것이다. 교회도 이런 법칙을 잘 적용하면 효과적인 기능을 발휘하게 될 것이다.

일곱째, '대형 문화의 변화'이다.
현대는 소형 문화보다 대형 문화를 선호하는 시대가 되었다. 슈퍼마켓, 슈퍼 처치, 슈퍼맨, 슈퍼콘서트, 슈퍼집회 등 대형 문화가 주류를 이룬다. 즉 허접한 소형 문화에서 전문적인 대형 문화로 이동했다. 그것은 시대가 전문화되고, 능력화되고, 시각화되고, 경쟁화되었기 때문에 확실하게 매력적인 포인트가 없으면 끌려들지 않는 시대가 되었기 때문이다. 그래서 사람들은 화려한 대형화에 눈을 돌리고, 볼 것이 많고 즐길 것이 많은 대형화에 쏠림 현상이 있는 것이다. 경쟁력이 높기 때문이다.

그렇다고 무조건 화려한 대형화가 다 좋은 것은 아니다. 콘텐츠가 약한 대형화는 실패할 수밖에 없다. 차라리 작은 것이 아름답다. 소형이라 할지라도 탄탄하게 잘 준비되고 개성이 있으며 콘텐츠가 뚜렷하다고 하면 확실히 대성할 확률이 높다. **'좋은 콘텐츠'**가 있는 것이 21세기에는 확실한 경쟁력이다.

이것이 교회 안에도 영향을 미쳤다. 지금 한국교회는 대형 교회로 거의 흡수되었다. 개척 교회, 미자립 교회, 작은 교회는 살아남을 수가 없다. 수적으로, 경쟁력에서도, 질적인 능력 면에서도, 교회 인재의 부재로 대형 교회를 따라잡을 수가 없다. 옛날에는 성도들이 사명을 갖고 작은 교회를 찾았지만, 요즈음에는 평신도들이 실용적인 측면에서 교회를 찾기 때문에 다 대형 교회로 흘러가 버린다. 세속화되었다. 안타깝다. 그렇다고 실망할 필요는 없다. 추세가 그러니 어쩔 수 없다. 그러나 방법이 없는 것은 아니다. 앞에서도 말했듯이 좋은 콘텐츠가 있으면 작은 것이 더 아름답다. 더 멋지다. 더 독보적이고 더 환상적인 사역을 할 수 있다. 작은 교회는 그 교회에 맞는,

또는 그 지역에 맞는 장점을 살리고, 개성 있는 콘텐츠를 잘 살린다면 확실히 부흥에 진입할 것이다.

여덟째, '현장 체험 문화의 변화'이다.

현대는 이론적, 지식적, 교육적 차원의 문화에서 경험주의나 체험주의로 현장 문화 체험, 현장 자연 체험, 체육 체험, 현장 학습주의, 업적 쌓기 스펙 문화 등으로 이동했다. 다시 말해 예전적인 문화, 형식적인 문화에서 내용적 문화, 체험적 문화로 변화되었다. 이제는 이론과 지식, 페이퍼-워킹만 가지고는 능력을 발휘할 수 없다. 직접 현장에 뛰어 들어가 체험하고 그것을 개혁하고 변화시켜 성과로 증명해야 한다. 보고서만 맛깔나게 써서 제출하고, 프레젠테이션만 잘한다고 성과를 올리는 시대는 끝났다. 현장에서 느낌이 있어야 한다. 소비자에게 맞는 대안이 나와야 한다. 민심에 맞는 정치가 되어야 한다. 눈으로 보고, 몸으로 느끼고, 손으로 만질 수 있게 해줘야 한다. 그래야 믿는다. 그래야 인정한다. 그래야 변화된다. 이것이 현장 체험주의 문화라고 할 수 있다.

미래교회 부흥 운동도 마찬가지이다. 교회 예배도 이론적, 형식적 순서에서 실제로 현장에서 하나님의 임재와 능력과 목적이 실현되는 내용적 순서로 바꾸어야 한다. 그러려면 담임목사님이 먼저 살아 있는 예배의 현장 체험자가 되어야 하고, 또 어떻게 하면 우리 교회의 현장 예배에서 하나님의 임재와 능력과 목적이 실현될지 고민해야 한다. 우리 교회와 성도들의 실정에 맞는 현장 예배로 개혁해야 한다. 목회 방향도 마찬가지이다. 현장의 성도와 발을 맞춰야 한다.

건축이든 봉사든 사역이든 현장의 속도에 맞춰야 한다. 그렇지 않으면 그 개혁은 실패할 수 있다. 목사님이 먼저 현장에 뛰어 들어가 상담도 하고, 제자 훈련도 하고, 식사도 하고, 봉사도 하며 성도들의 영성 수준을 읽고 반 박자만 앞으로 나가면 그 목회는 성공할 수 있을 것이다.

아홉째, '수평적 참여문화의 변화'이다.

그동안 수직적, 규범적, 계급적, 권위적, 명령과 복종의 문화였다면 이제는 수평적, 기능적, 역할 분담적, 상호 책임적, 팀 사역적, 존중과 위탁의 문화, 더불어 같이 가는 연대문화로 이동했다. 학교도, 기업도, 국가도 수직적, 계급적 문화는 21세기 구조에 맞지 않으므로 이제는 수평적, 기능적 참여문화의 형태로 다 바뀌고 있다. 그렇지 않으면 건강한 리더십이 확보되지 않고, 병적 구조가 되어 갈등과 분열을 자초하는 시대가 되었기 때문이다. 너무 똑똑한 사람들이 많아서 그렇다. 너무 잘난 사람들이 많아서 그렇다. 너무 좋은 정보들이 공유되어서 그렇다. 너무 인권의 수준이 높아져서 그렇다. 그래서 비상식적이고 비논리적이며 비합리적이면 즉각적으로 투쟁, 회피, 침묵, 짝짓기 등으로 반항하는 모습이 나타나는 것이다.

교회도 마찬가지이다. 수직적, 직분적, 계급 구조적인 체계에서 기능적, 수평적, 참여적이며 은사 중심적인 시스템으로 바뀌어야 한다. 목사님 혼자 하는 사역에서 함께하는 네트워크와 팀-미니스트리(ministry) 사역으로 전환해야 한다. 옛날에는 소수 엘리트가 따라오라고 하면 따라갔다. 그러나 요즈음에는 가치와 비전이 맞지 않으면 절대 안 따라간다. 혼자 끌고 가는 리더십의 시대는 끝났다. 같이 가야 한다. 그렇지 않으면 아무리 좋은 콘텐츠라도 실패한다. 이제는 연대효과를 무시하면 안 된다. 콘텐츠도 나 혼자의 아이디어보다는 여러 사람의 아이디어가 훨씬 더 가속도가 붙는다. 그래서 수평적 참여문화의 리더십은 엄청난 시너지 효과가 있는 것이다. 교회도 역할 분담적인 사역, 상호 책임적인 사역, 팀 사역적인 사역, 존중과 위탁의 사역, 더불어 같이 가는 연대문화의 사역이 꼭 필요함을 잊지 말아야 할 것이다.

열째, '인본주의 문화의 변화'이다.

이제는 모든 만물이 인간 중심의 문화로 변화되었다. 이것은 이미 18세기 계몽주의 태동으로 계속해서 바뀌어 오고 있다. 사회는 벌써 인권과 인간 중심의 가치로 재편되어 버렸고, 이제는 심지어 종교도 인간 중심의 문화로 변화되어 버렸다. 종교도 인간 중심의 취미생활 속에 하나가 되었다. 교회 선택도 백화점식 선택, 편안한 신앙생활, 헌금 부담 싫증, 헌신 강요 거부, 일방적인 선포 설교의 싫증, 내가 싫으면 다 싫은 경향 등등 하나님 중심과 목회자 중심의 시각보다는 개인 중심으로 모든 것을 결정하는 인본주의 문화가 전 영역에서 나타나게 되었다.

교회에서도 마찬가지이다. 교회의 기본 교리는 하나님의 절대주권, 기독교 중심의 세계관, 하나님 나라와 영광의 삶이 그 가치와 중심인데, 이제는 점점 인본주의로 흘러가며 진화론적 세계관, 인간 의지의 구원관, 동성애의 침투, 물질주의적 종교융합, 외모지상주의, 인공지능의 발전, 개인 중심의 교회관, 세속화의 물결 등등이 신본주의 가치를 훼손하고 있다. 파괴적인 사탄의 문화가 이처럼 심각하다.

　이것을 타개하기 위해서는 먼저 신본주의 회복을 외쳐야 한다. 목회자와 성도들이 한마음으로 코람데오(Coram Deo)의 신앙으로 기독교 가치관을 지켜야 한다. 기독교 문화의 우월성을 보여줘야 한다. 거룩함의 회복이다. 기독교 품격의 회복이다. 생명 복음의 순수성을 변질시켜서는 안 된다. 돈 앞에서 교회가 무력화되면 안 된다. 기독교인이 도덕적, 윤리적 우위에 있어야 한다. 성령의 능력이 함께하는 하나님의 사람을 키워야 한다. 교권주의를 버리고 신본주의, 말씀주의, 성령주의를 회복해야 한다. 경건의 모양이 아니라 경건의 능력이 함께하는 운동이 일어나야 한다. 기독교인이 하나님의 통치에 전적으로 순종하는 것을 보여줘야 한다. 심지어 징계도 달게 받는 모습을 보여줘야 한다. 세상 사람들이 놀랄 정도로 철저히 신본주의적인 사람이 될 때 사탄의 문화는 곤두박질하고 예수의 문화가 점점 도래하게 될 것이다.

미래교회의 부흥 전략(How-Future Church Project?)

　한국교회도 이제는 시대적 흐름과 문화를 무시하면 안 된다. 지금까지도 한국교회는 사회의 문화적 흐름을 잘 활용했기 때문에 폭발적인 부흥의 역사를 일으켜 왔다. 앞으로도 한국교회가 계속 부흥 발전하려면 시대적 발전과 사회문화적 성향을 잘 맞춰 적용해야 할 것이다.

첫째, 미래교회는 '편안한 교회'가 부흥한다.

요즘 현대문화의 특징은 편안함이다. 국민 MC 유재석의 캐릭터는 섬김과 친절, 편안함이다. 요즘 입주하는 아파트들도 편안함을 가장 먼저 추구한다. 가장 비싼 아파트는 편안함과 안락함을 내세운다. 가장 비싼 오성급 호텔도 편안함이다. 사람과의 관계에서 가장 중요한 요소도 편안함이다. 불편하면 만나지 않는다. 비즈니스를 잘할 수 있는 요소도 편안함이다. 상대를 편안하게 해준다면 그 비즈니스는 성공할 수 있다. 사람, 일, 집, 관계, 비즈니스 등 모든 것들이 편안한 구조를 기본으로 하고 있다.

현대교회도 마찬가지이다. 교회 분위기가 편안해야 새신자가 정착할 수 있다. 교회 오면 마치 엄마 품같이 좋고 편안하고 품고 덮어주고 싸매어주는 분위기를 형성해야 한다. 그런 의미에서 교회에 처음 들어가는 입구의 안내위원에서부터 편안함이 있을 때 긍정적인 결정을 한다고 한다. 안내위원의 밝고 환한 인사, 따뜻한 영접과 친절한 매너가 교회의 편안한 이미지를 재고하게 된다. 즉 안내위원의 수준이 교회 수준이다. 무엇보다 안내위원은 부드러움과 친절 의식이 몸에 배어야 한다. 그래야 상대가 편안함을 느낄 수 있다.

그다음은 교회 안 예배당의 분위기이다. 교회 인테리어도 어두침침한 것보다 밝고 환한 것이 좋다. 성도들의 모습에서도 밝고 환하며 관심과 친절이 눈에 띄어야 한다. 자기 교인들끼리는 몰라도 새로 오신 분들은 2~3분 이내에 이 교회가 사랑이 많은 교회인지 개인주의적인 교회인지, 화목한 교회인지 다툼이 많은 교회인지, 밝은 교회인지 어두운 교회인지, 편안한 교회인지 불편한 교회인지 금방 파악한다고 한다. 그래서 목사님의 모습도 밝고 환하며 편안해야 한다. 성도들의 모습도 밝고 환하며 편안해야 한다. 그래야 그 에너지를 받을 수 있다. 만약 교회 안에 흐르는 사랑의 분위기를 감지하지 못한다면 새로 오신 분들은 오자마자 실망하고 떠나게 될 것이다. 그러므로 안내위원, 헌금위원, 찬양위원, 기도위원, 찬양대, 설교자, 장로님 등 모두가 밝고 편안한 분위기를 연출해야 교회 정착률이 높아질 것이다.

둘째, 미래교회는 '품질 개선과 서비스'가 좋은 교회가 부흥한다.
한마디로 고급스러움을 추구해야 매력을 끌 수 있고, 성도들의 양질 변화도 도출해 낼 수 있다. 현대 기업들도 끊임없이 품질을 개선하고 질 높은 서비스를 제공함으로써 발전에 발전을 계속하고 있는 것이다. 모든 일은 멈추면 발전이 없다. 계속 도전하고 성장하고 변화되어야 살아남을 수 있다. 그렇지 않으면 도태되는 것이다.

한국교회 부흥도 마찬가지이다. 교회도 양질의 품질개선과 서비스가 향상되어야 한다. 언제까지 90년대 이전 부흥 양식인 기복신앙과 건축 중심의 구조를 추구하겠는가? 요즈음 교인들은 교회가 지어졌다고 몰려들지 않는다. 건물보다 사람이다. 건물보다 내용이다. 건물보다 이미지이다. 건물보다 가치이다. 작은 것이 아름다운 것이다. 오히려 삼성의 작은 전자부품 하나가 세계 제일의 기업을 탄생시키지 않았는가? 이제부터라도 외모와 규모에만 신경을 쓰기보다는 품질 개선과 서비스 향상에 더 신경을 쓰면 훨씬 더 성장과 변화를 앞당기는 기회가 될 것이다.

그래서 한국교회는 **예배의 품질 개선**으로 예배가 더 고급스러워져야 한다. 즉 예배의 질적 품격을 더 높여야 한다. 콘텐츠가 있는 예배를 드려야 한다. 다시 말해, 예배에 있어서 진정한 하나님의 임재와 능력과 목적이 실현되는 은혜에 초점을 맞춰야 한다. 찬양의 영적 수준을 높여야 한다. 그 교회 성도들의 눈높이와 성향에 맞게 찬양의 질적인 깊이가 스며들어야 한다. 찬양 인도자와 찬양팀이 성령 충만해야 한다. 성도들이 예배를 대하는 태도가 달라져야 한다. 예배의 성공이 인생의 성공이고, 예배의 실패가 인생의 실패이다. 예배의 절대 가치를 성도들이 느끼고 참여하며 매 순간 예배의 임재 체험이 더해져야 한다. 이런 예배의 찬양과 기도와 말씀의 임재가 넘칠 때에 그 교회 영성은 그만큼 고급스러워지고, 성장하고 발전하는 역량을 갖게 될 것이다.

말씀의 품질 개선도 추구해야 한다. 언제까지 설교 말씀이 목회자 중심의 가르침과 교리 중심으로 흘러가야 하겠는가? 이제는 주입식 설교보다 들려지는 설교, 들리는 설교로 달라져야 한다. 성도들의 내면을 치유하고 삶의 방향을 성경적으로 제시하는 독특함이 있어야 한다. 목사님들의 설교 역량을 높여야 한다. 다양한 시각과 깊이 있는 대안을 치밀하게 준비해야 한다. 지시적 설교보다는 상담적인 설교, 선포적 설교보다는 치유하는 설교, 늘어뜨리는 설교보다는 압축된 설교, 지루한 설교보다는 재미있는 설교, 한번 들으면 '와~ 클라스가 다르구나!' 하는 설교, 평저음보다 고저장단을 이용하는 설교, 충동적 설교보다 준비된 편안한 설교 등을 연구 개발해야 할 것이다.

또한 **교회 서비스의 향상**도 고급스러움을 추구해야 한다. 옛날에는 초콜릿과 빵을 주면 '와~' 하고 몰려들었다. 그러나 지금은 시대가 발전하고 욕구도 기대 이상으로 높아졌다. 그런 것은 줘도 안 받는다. 버린다. 쳐다보지도 않는다. 또 좀 더 발전해서 시디(CD)나 장난감을 주면 받았는데 요즈음에는 그것도 안 받는다. 그만큼 사람들의 생활 수준이 올라갔다는 것이다. 그래서 교회는 선물을 준비하든, 서비스를 제공하든 성도가 최상으로 느낄 수 있는 필요를 채워줘야 한다. 그것이 꼭 비싼 것이어야 한다는 이야기가 아니다. 정성과 수고와 땀이 느껴지는 서비스라야 한다는 것이다. 비싸지 않아도 꼭 필요한 선물 아이템을 찾아내면 성도들은 '와~ 어떻게 이런 생각을 했어요!' 하며 그 정성에 감동할 것이다. 그러므로 무엇을 하든 봉사 하나하나에도 정성스럽게, 서비스 하나도 작은 것이라고 소홀히 여기지 말고 수고와 땀이 스며든 것이라면 그것이 최고 서비스의 고급스러운 준비라 할 수 있을 것이다.

마지막으로 **교회 구조의 시스템**도 고급스럽게 발전, 디자인되어야 한다. 교회 문제가 일꾼과 시스템의 질적 저하로 인해 분열되는 경우가 많다. 특히 너무 많이 중구난방으로 자격도 없이 사람을 세우면 말도 많고 탈도 많다. 사람 하나를 세우더라도 사명감이 높고 자격을 갖춘 좋은 일꾼을 세우는 것이 효과적이다. 또한 셀과 기관을 세우는 것도 무조건 작게 쪼개는 것만이 능사가 아니다. 셀과 각각 기관들도 사랑이 넘치고 보람 있고 재미있고 유익한 관계인가를 생각하며 유기적으로 번식시켜야 효과적이다.

물론 큰 교회는 일꾼도 많이 세우고, 셀과 기관도 많이 늘리면 그 속에 질적 수준이 높은 인재들이 많이 생기는 장점도 있다. 즉 많이 세우고, 자주 세우는 장점도 있다. 그러나 작은 교회 같은 경우는 세울 일꾼도 부족하고, 막상 세우려고 할 때면 자격을 생각하지 않을 수 없다. 그때는 양보다 질적인 수준을 먼저 생각하고, 그나마 부족한 일꾼을 세우려고 하면, 최소한이나마 마지노선의 자격을 갖춘 일꾼을 세워야 선택과 집중을 하며 교회 부흥에도 더 효과적인 사역으로 증강시킬 수 있을 것이다.

따라서 교회 시스템 강화를 위해서는 무엇보다 리더의 자격과 수준을 높여야 한다. 교회에서 각 기관장이나 셀 리더(구역장)의 영향력은 절대적이다. 목사님보다 훨씬 더 현장감과 파급력을 가지고 있다. 또 리더의 수준에 따라 그 공동체의 결속력과 실행력이 달라진다. 따라서 비전과 사명감과 섬김이 따르는 영성을 가진 자가 리더가 되어야 교회가 고급스럽게 보인다. 물론 목사님도 비전과 사명감과 실력이 수반된 모습이 갖춰질 때 웅장함과 고매함과 고급스러움이 느껴진다. 따라서 시스템 강화를 위해서는 함부로 리더를 세우지 말아야 한다. 사역자를 세우는 리더십을 신중히 할 필요가 있다. 또 세우는 것은 신중하되 일단 한번 세워놓으면 존귀하게 세우고 귀하게 쓰임 받도록 기회를 주어야 할 것이다. 리더의 수준이 그 교회의 수준이다!

셋째, 미래교회는 '광고 이미지'가 좋은 교회가 부흥한다.

현대 기업들도 기발하고 독특한 광고를 통해 기업의 브랜드 가치와 품질의 이미지를 상승시키고 있다. 교회도 마찬가지이다. 교회 부흥을 위해서는 뭐니 뭐니 해도 교회 홍보와 전도 전략이 최고의 공격적 마케팅이다. 많은 사람에게 교회와 복음을 증거하고, 많은 곳에 나가 복음을 많이 퍼뜨리면 당연히 많은 성장과 변화를 이루는 것이다.

요즈음에는 인터넷과 유튜브 등 영상매체가 잘되어 있기 때문에 파급 효과는 전도지나 전단지보다 훨씬 더 크게 나타난다고 할 수 있다. 잘 만들어진 내용이 인터넷이나 유튜브에서 한번 소문을 타면 그 것을 보는 숫자는 대면 숫자보다 기하급수적인 증가폭을 나타낸다. 교계에서도 기독교 라디오나 TV 설교하시는 분들이 교회 전도의 효과에 크게 공헌하는 것을 볼 수 있다. 그러므로 전도지나 전단지도 독특하게 잘 만들어 디자인하고, 유튜브나 인터넷 영상매체도 잘 기획하고 뿌리면 교회 가치와 이미지를 높이고 전도 효과에도 놀라운 변화를 이룰 것이다.

주로 전도 광고 시 네 가지 대상의 질적 향상을 추구할 때 좋은 효과를 거둘 수 있다. 첫째는 **예수님 자랑 간증**이다. "주 예수보다 귀한 것은 없네. 예수 믿기 전과 예수 믿고 난 후의 변화는 놀라운 것이다. 나 같은 죄인 살리신 그 은혜 놀라워~ 십자가의 놀라운 사랑이 나를 존귀한 자로 삼으셨네~" 그리스도인의 최고 브랜드 전도 효과는 예수님의 이름을 높이는 것이다. 또 내가 예수님을 만나기

전과 후의 변화된 삶을 은혜롭게 간증하면 좋은 전도 효과가 있다.

둘째는 **우리 교회 자랑 간증**이다. 우리 교회의 좋은 사역과 특별한 강점을 자랑하는 것이다. 전도자가 자신의 교회에 대한 자부심과 강한 소속감, 정체성의 믿음이 없으면 전도할 수 없다. 강하게 교회를 추천할 수도 없다. 그러므로 우리 교회의 좋은 점과 장점들을 잘 준비해서 표현하면 교회 이미지 향상과 전도의 효과가 놀랍게 증폭될 것이다.

셋째는 **우리 목사님 자랑 간증**이다. 교회에 등록하는 사람들은 첫 번째로 목사님의 이미지와 설교를 듣고 정착한다고 한다. 그만큼 목사님의 이미지가 교회 부흥과 전도 등록에 중요한 역할을 하는 것이다. 그래서 성도들은 전도를 위해 목사님의 장점과 신실함을 간증할 수 있어야 한다. 이때 목사님의 단점보다는 목사님의 장점을 잘 어필하고, 특히 목사님의 영적인 부분과 인격적인 부분을 진솔하게 간증하는 것이 좋다. 성도가 목사님을 존경하고 신뢰하면 목사님의 설교도 훨씬 더 은혜롭고 충만하게 받아들여지는 것이다.

넷째는 **우리 성도들 자랑 간증**이다. 세속적 자랑이 아니라 주님 안에서 받은 축복과 은혜와 능력의 간증을 하면 훨씬 더 실제적인 감동과 은혜가 넘친다. 예를 들어, 성도들의 성공 배경과 깊은 영성, 사랑이 넘치면서도 겸손한 인격과 풍성한 구제, 교회에서도 밀알 같은 헌신의 간증들, 교회 부흥의 초석을 놓은 간증들을 하면 듣는 이들에게 좋은 교회, 좋은 성도의 이미지로 작용하여 그 교회의 수준을 높이 평가하게 만들 것이다. 아무리 좋은 목사님이 있어도 좋은 성도가 포진되어 있지 않으면 정착하기도 힘들고, 교회 생활도 재미있게 할 수 없다. 성도들의 신앙적 배경과 수준도 그 교회를 부흥케 하는 중요한 척도가 되는 것이다.

넷째, 미래교회는 '수평적 구조의 참여교회'가 부흥한다.
앞서 언급했듯이 21세기는 일방적이고 권위적인 의사결정에서 벗어나 참여적이고 수평적인 의사결정 구조를 선호한다. 현대인도 강요적이고 권위적이고 명령적이고 지시적인 용어를 가장 싫어하는 특징이 있다. 대신 청유적이고 수평적이고 기능적이고 민주적이고 연대적이고 참여적인 용어를 좋아한다.

따라서 한국교회는 그동안 깊이 뿌리박혔던 권위적이고 수직적인 교회 구조를 과감히 탈피해야 한다. 미래교회는 혼자가 아닌 협업의 시대이다. 팀워크의 시대이다. 네트워크의 시대이다. 연대하고 더불어 같이 가는 시대이다. 다양성 속에 연합을 이루는 시대이다. 상호 존중과 책임, 역할 분업의 시대이다. 이제는 교회도 목회자와 평신도가 함께 은사 중심적인 수평적 사역을 통해 시너지 효과를 내는 구조로 변화되어야 한다. 회중 교회와 교회 속의 또 하나의 작은 교회인 셀 구역과도 긴밀하게 연결된 관계의 공동체가 되어야 한다. 교회 내의 청년과 장년도 서로 연합하며 긴밀한 연대와 공조가 있어야 한다. 또 교회 간에도 서로 네트워크를 이루며 함께 공존의 부흥을 모색해야 할 것이다.

더욱이 미래교회는 완전히 새로운 특이함이 있다. 기술이 사람을 앞서는 시대이다. 과학과 문화가 분초 단위로 빠르게 변하는 시대이다. 따라서 앞으로 한국교회가 살아남기 위해서는 교회와 목회자가 본질은 바꿔서는 안 되지만 비본질은 먼저 과감히 바꾸고 개혁하는 적극적인 시도를 취해야 한다. 그러기 위해 수평적 구조의 참여교회로 만들 때 확연히 달라지는 변화를 경험하게 되고 교회가 크게 부흥될 것이다.

다섯째, 미래교회는 '육각형의 교회'가 부흥한다.
미래교회는 시대의 흐름을 읽는 교회가 부흥할 수밖에 없다. 교회 부흥은 시대적 문화의 흐름과 밀접한 관계가 있기 때문이다. 더욱이 현재보다 반 박자 앞서가는 교회가 부흥한다. 또 지속 가능한 교회 부흥 전략을 세우는 교회가 부흥한다. 더욱이 교회 수축의 시대를 맞이하며 생존을 위한 한국교회의 새로운 사역 전략 패러다임을 제시할 수 있는 교회가 부흥할 것이다. 그래서 앞으로 미래교회를 예상하기를 육각형의 교회, 육각형의 목사, 육각형의 성도가 있는 교회가 크게 경쟁력도 갖추고, 부흥의 속도도 빨라질 것이라고 예언한다. 그 이유는 지금 성공한 현대인의 특징이 육각형의 구조를 지니고 있기 때문이다.

여기서 육각형이라고 말하는 의미는 모든 면의 축이 꽉 찬 상태인 완벽을 의미하는 모습이다. 다시 말해 요즈음에 완벽한 육각형 인간이라고 하면 **외모-성격-학력-자산-직업-집안 배경** 등이 꽉 찬 균형을 이루는 모습으로 오늘날 현대인의 **'완벽한 성장형의 모습'**이라고 한다. 그래서 앞으로 미래교회도 이런 육각형의 모습을 추구할 때 한국교회는 더욱더 매력적이고, 건강하며 성숙하고 아름다운 교회로 부흥하게 될 것이라는 이론이다.

첫째는 '**매력적인 외모(Image)의 교회**'이다.

여기서 외모란 교회 건물의 외관을 말하며 교회 디자인도 전도에 한몫을 차지한다는 것이다. 이것이 꼭 잘 지어진 큰 교회를 말하는 것이 아니라 작은 교회일지라도 교회 건물의 디자인을 독특하고 특별하게 의미를 붙여 외관을 치장하는 것도 현대 문화적 필요에 효과적인 전도 방법이 된다는 것이다. 덧붙여서 앞으로는 목사님도 외모와 이미지에 신경을 쓰시는 것이 성도들의 설교 집중에 도움이 될 수 있을 것이다. 또 성도들도 예배당 내에서 밝은 모습과 좋은 이미지를 보여주는 교회가 불신자 전도와 교회 부흥에 도움이 된다는 이야기이다.

둘째는 '**좋은 성격(Character)의 교회**'이다.

인성이 좋아야 성공한다는 것이다. 옛날에는 잘생기거나 똑똑하기만 하면 됐는데 이제는 아니다. 인성이 좋아야 한다. 요즘 소위 뜨는 유명한 청년 자매들을 보면 얼굴도 예쁘고, 춤도 잘 추고, 노래도 잘하고, 실력도 있고, 성격도 참 좋다. 더욱이 인성이 좋으니까 금상첨화, 인기도 짱이다. 다 갖춰야 하는 시대이니 무한경쟁의 시대에 앞서가기가 참 힘든 구도이다. 거기에서 가장 중요한 것이 인성이다. 인성이 나쁘면 얼굴도 실력도 마이너스가 된다. 오래갈 수가 없다. 반짝하다 이슬처럼 사라진다.

교회도 마찬가지이다. **착한 교회**가 부흥한다. 인성이 좋은 교회가 부흥한다. 사람들은 착한 교회, 인성이 좋은 교회의 모습을 보고 무한 신뢰와 믿음과 인정을 한다. 한 마디로 윤리적, 도덕적으로 착한 교회가 성장한다는 것이다. 앞으로 한국교회는 높은 인성의 레벨을 갖추어야 성장할 수 있다. 사랑함과 온유함과 화평함이 넘치는 교회가 성장한다. 그렇지 않으면 곤두박질한다. 지금까지 한국교회가 착함과 의로움과 거룩함을 상실하여 얼마나 이미지가 추락했는가? 오늘날 그토록 세상 사람들의 손가락질을 받은 이유가 무엇인가? 착한 교회가 아니었기 때문이다. 수단과 방법을 가리지 않고 교회 성장에만 혈안이 됐고, 툭 하면 교회가 싸움박질이나 하고 법정 다툼을 일으키고, 목회자들의 윤리의식이 부족하여 온갖 방송 신문에 대서특필되기도 하고, 성도들이 사회에서 본이 되지 못하는 사건들이 얼마나 많았는가? 앞으로 이런 교회는 절대로 부흥할 수가 없다.

그러므로 앞으로 미래교회는 세상이 인정하는 교회가 되어야 한다. 하나님이 기뻐하시는 교회가 되어야 한다. 사랑함과 온유함과 화평함이 넘치는 교회가 되어야 한다. 착함과 의로움과 거룩함이 회복되는 교회가 되어야 한다. 착한 교회, 인성이 좋은 교회가 되어야 한다. 목회자부터 솔선수범하여 착한 인성을 소유한 사람이 되어야 하고, 평신도들도 종교인이 아니라 진정으로 착한 인격자로 변화되어야 한다. 현대인의 매력은 인성이 좋은 사람이다.

셋째는 '**좋은 학력과 실력(Academic ability)의 교회**'이다.
학력과 실력이 꼭 같은 것은 아니지만 대체적으로 학력이 높으면 실력이 좋은 것은 틀린 말이 아니다. 또 학력과 실력이 좋으면 대체적으로 신분 상승과 성공의 확률이 높은 것도 사실이다. 그래서 육각형 인간 구조에서 좋은 학력과 실력을 강조하는 것은 시대적 흐름에 비껴가는 조건이 아니다.

성장하는 미래교회의 특징도 좋은 학력과 실력이 갖춰진 교회의 모습이다. 그것은 목회자도 평신도들도 그것을 원하고 있기 때문이다. 사회적 매력 포인트도 좋은 학벌과 실력이 있으면 신뢰와 인정이 되고, 능력도 인정받는 것을 볼 수 있다. 현대교회도 목사님의 학력이 높거나, 목사님의 설교 실력이 탁월하거나, 교회 프로그램이 우월한 경쟁력을 가진 특징이 있다면, 또는 교회가 뭔가 차별화된 독특한 모습을 가지고 있다면, 분명 사람들에게 훨씬 더 매력적으로 보이고, 신뢰와 인정과 능력을 검증받기 때문에 사람들도 몰려올 것이며, 교회 부흥에도 가속도가 붙게 될 것이다.

그러므로 미래교회는 좋은 학력과 실력의 **경쟁력**을 키워야 한다. 예를 들어 담임목사의 지적 능력의 차별화, 능력 있는 기도의 차별화, 현대화된 찬양의 차별화, 창조적 설교의 차별화, 체계적인 제자훈련의 차별화, 재정이 넘치는 풍성한 구조적 차별화, 높은 기준의 직분 차별화, 다양한 선교와 구제의 차별화, 전도의 탁월한 전략적 차별화 등등 교회의 경쟁력을 키울 때 교회는 분명 성장과 변화와 발전을 거듭하게 될 것이다. 그래서 교회는 끊임없이 계속 연구하고 변화하면서 그리스도의 장성한 분량에 이르기까지 도전과 성장을 거듭해야 하는 것이다.

넷째는 '**풍성한 자산(Property)의 교회**'이다.

성장 잠재력에 무엇보다 중요한 것이 자산규모일 것이다. 자산이 안 받쳐주면 성공 확률이 높지 않기 때문이다. 결혼 조건도 능력과 재산이 얼마나 있느냐에 따라 허락의 정도가 달라졌다. 요즈음에는 집 장만할 돈이 없으면 아예 결혼을 안 하려고 하고, 또는 같이 벌어서 살 집을 갚아나가는 구조로 바뀌고 있다고 한다. 그만큼 자산이 결혼 조건의 중요한 기준이 되었다는 것을 알 수 있다.

사업을 시작할 때도 자산이 없으면 일어서기가 힘들다. 예를 들어, 가게를 시작할 때 5천만 원 공사가 이뤄지면 딱 5천만 원만 있으면 실패할 확률이 높다고 한다. 2배 즉 1억은 가지고 있어야 공사할 때 5천만 원이 더 들기도 하고, 또 시작할 때 적자를 메꾸는 준비가 있어야 성공할 확률이 높다는 것이다. 교회 개척도 그렇다. 요즈음 신도시에 교회 개척을 하려면 1억을 투자하면 본전이고, 2억은 투자해야 부흥의 기틀을 만들 수 있다고 한다. 다 자산의 기준에 따른 경영학적 평가라 할 수 있다.

앞으로 미래교회는 이런 조건이 더 크게 나타날 것이다. 즉 미래 교회는 재정 능력이 담보된 교회가 당연히 부흥하게 될 것이다. 재정 능력이 담보되었다는 것은 그만큼 공격적인 마케팅을 할 수 있고, 투자한 만큼 거둘 수 있기 때문이다. 따라서 목사님들은 재정 관리와 재정 확보를 위한 계획과 재정 성장을 위한 훈련을 철저히 점검해야 한다. 스펄전 목사님은 주머니가 회개해야 천국에 간다고 했다. 그러므로 앞으로 교회는 헌금의 투명성과 기부와 찬조의 동기유발을 잘 불러일으키는 교회가 부흥한다. 이런 재정 확보와 천국 사업의 확장은 담임목사의 책임이 크다. 탁월한 목회 비전과 설교로 성도들의 심금을 울려 헌금의 수준을 높여야 한다. 더욱이 시무장로님들의 적극적인 헌금 희생이 무엇보다 필요하다. 또 사명감이 넘치는 성도들의 아름다운 헌금 헌신이 있을 때 교회는 상상할 수 없는 폭발적인 부흥의 역사가 나타날 것이다.

다섯째는 '**좋은 직업(Good Job)의 교회**'이다.

좋은 직업은 능력의 상징이다. 부(富)를 계속 축적할 수 있는 도구이다. 지금 돈이 없어도 좋은 직업을 가지면 월급이 많아서 부를 축적할 수 있는 기회가 된다. 안정된 생활을 할 수 있는 기반이 된다. 높은 자존감과 가치창조를 이룰 수 있는 요소가 되기도 한다. 좋은 직업은 성공적인 삶의 기본적인 조건이다.

교회도 좋은 직업의 모습이 있으면 부흥할 수 있는 조건이 된다. 교회에서 좋은 직업의 모습이란 교회 구성원들의 하이-퀄리티(high quality)를 말한다. 즉 성도들의 **질적으로 높은 영성/인격/은사/재능/직분** 등이 거기에 해당한다. 다시 말해 좋은 은사를 가진 성도가 많아야 교회가 성장한다. 좋은 영성과 인격, 재능을 가진 성도가 많아야 교회가 부흥한다는 의미이다. 이것은 교회가 영성 훈련을 잘 시켜서 변화와 성장을 도모해야 한다는 것이다. 제자 훈련을 잘 시켜서 리더의 자격을 높여야 한다는 것이다. 제직 훈련을 잘 시켜서 제직의 사명과 기능과 역할을 성장시켜야 한다는 것이다.

그것은 조련사의 몫이다. 조련사가 어떻게 조련하느냐에 따라 서커스의 질이 달라진다. 산에서 아무리 천 리를 달리는 야생마를 데려온다 해도 준마로 잘 훈련시키지 않으면 천방지축 더 거칠고 제 맘대로 날뛰게 될 것이다. 그러므로 목회자는 교회 구성원들의 퀄리티(quality)를 높여야 한다. 리더의 퀄리티도 높여야 하고, 조직의 퀄리티도 높여야 한다. 교회의 한계를 돌파하는 리더십의 개선도 반드시 있어야 한다. 만약 변화를 늦추는 조직이라면 결국 도태될 것이다. 지금 혁신해야 내일이 있는 것이다. 또 조직에 역량 있는 인재가 들어올 때 텃세를 부리지 말고 날개를 달아줄 리더십이 있어야 더 큰 변화와 성장을 이루게 될 것이다. 이처럼 교회가 좋은 직업을 가진 직분자가 많아지도록 교회의 역량을 높이고, 경쟁력을 높이며, 리더와 조직의 퀄리티를 높여야 부흥 성장과 변화를 이룰 것이다.

여섯째는 **'좋은 집안(Good Family)의 교회'**이다.

이것은 좋은 부모님의 배경이다. 명문 가문의 배경이다. 사회 기초 단위인 가족 구성원들이 명성과 지위와 평판이 좋은 집안이라면 그 사람은 분명 행복한 사람이고, 축복받은 사람이며, 안정된 삶을 산다는 의미이다. 또 혹 어려운 일을 만난다 할지라도 좋은 집안의 사람은 뒤의 배경이 좋아서 많은 도움의 여지도 충분히 있다는 것을 간파할 수 있다. 그래서 결혼할 때 집안 배경을 보는 것도 미래를 위해 중요한 기준이 된다.

교회도 좋은 집안의 배경이 되면 자연적 교회 성장과 부흥의 속도가 붙을 것이다. 교회가 좋은 집안이라는 것은 **훌륭한 직분자** 즉 훌륭한 목사님과 훌륭한 장로님이 있고, 훌륭한 권사님이 많이 포진되어 있다는 것이다. 또 교회도 **오래된 역사성**을 갖고 있어 뿌리 깊은 교회의 모습으로 지역교회로서도 명성과 지위와 칭찬과 평판이 좋은 교회의 모습이다.

이렇게 되려면 일단 교회의 역사성을 키워야 한다. 교회를 개척하고 1~2년 잘 안된다고 여기 옮기고, 저기 옮기고 하면 역사성을 절대로 키울 수 없다. 지역교회로 뿌리를 내리려면 오랫동안 계속 심고, 또 심어야 한다. 인내와 지구력이 필요한 영역이다. 최소한 5~10년은 한 곳에서 좋은 토양을 만들면서 지역 주민들과 접촉하고 많은 사랑의 관계와 전도와 교회의 역할을 감당해야 한다. 그래야 지역 주민들로부터 인정과 칭찬과 좋은 평가를 받을 것이다.

또한 목사님들도 개인 스펙을 꾸준히 쌓아야 한다. 실력과 인격을 잘 쌓아 지역 주민들로부터 프로필을 인정받아야 한다. 장로님들과 직분자들도 신중하게 잘 세워 교회의 구조를 든든히 디자인해야 한다. 오늘날은 특히 평신도들의 사랑과 구제와 전도의 운동이 금방 소문을 낳아 교회 이미지를 한층 높이는 역할을 하는 것을 본다. 특히 좋은 교회, 좋은 목사님, 좋은 성도들의 간증과 사역들의 광고도 꾸준히 지역 주민들에게 알려야 한다. 그래서 우리 교회가 좋은 집안의 배경이라는 것을 알게 하고, 그것이 잘 인식되기만 하면 사방팔방 어디에서든지 몰려오는 역사가 있게 될 것이다.

Chapter 2
교회 부흥의 장애 요소 제거하기

여호와께서 집을 세우지 아니하시면
세우는 자의 수고가 헛되며
여호와께서 성을 지키지 아니하시면
파수꾼의 깨어 있음이 헛되도다

시편 127:1

___

이 장에서는 교회 부흥의 장애 요소를 다룰 것이다.

특히 한국교회에 편파적으로 기울어져 있는 교회의 구조적 갈등과 심리적, 정신적, 영적인 피폐로 인한 교회 영적 갈등의 분석을 통해 다양한 해법을 제시함으로 교회와 성도가 회복을 넘어 부흥으로 진입하는 단계로 올라가도록 도울 것이다.

01. 교회 문제의 구조적 갈등

교회 안에 상처가 더 많다!

교회 생활을 하다 보면 초창기에는 모르지만, 점점 시간이 지나면서 교회 내에도 상처가 많고 갈등과 분열이 많다는 것을 발견하게 된다. 성도들도 초신자 때는 모르지만 시간이 지나면서 교회 생활에 이리 치이고 저리 치이며 미성숙한 자신의 인격으로 인해 갈등과 상처가 쌓이는 것을 인지하게 된다. 마찬가지로 목회자들도 목회 처음에는 잘 모르지만, 시간이 가면서 점점 성도들과 잦은 충돌로 인해 갈등과 상처가 쌓이는 것을 경험한다. 물론 신앙생활은 그렇게 하면서 아픈 만큼 성숙한 성장을 이루어나가지만, 그것을 조율하거나 극복하지 못한 사람은 마음의 상처가 남아서 고이고 썩게 되며, 침체의 늪으로 빠질 때가 있는 것이다. 그러면 왜 교회에 세상보다 상처가 더 많겠는가?

첫째, 교회가 사회보다 죄인들이 더 많이 모인 곳이기 때문이다.

교회도 사회와 마찬가지로 조직이기 때문에 조직에서 일어나는 갈등과 분열의 현상은 어쩌면 당연한 일이다. 사람 사는 곳이 다 마찬가지이기 때문이다. 더욱이 교회는 사회보다 죄인들이 더 많이 모이고 상처와 문제가 있는 사람들이 더 많이 모여, 이들이 구원받고 치유받고 평안을 얻으며 성숙을 배워나가야 하는데, 교회 안에는 그렇지 못한 미성숙한 사람들이 더 많이 있기에 사람과의 관계 속에서 늘 찌그락 빠그락 하며 갈등과 문제를 일으키는 것이다.

둘째, 교회가 사회보다 더 거룩하고 사랑이 많아야 한다는 기대감 때문이다.

교회는 사회보다 도덕적 기준, 사랑의 기준, 구제의 기준, 용납의 기준이 더 높다. 본인들은 정작 그렇지 않으면서도 교회를 바라보는 기대치가 높으니, 교회의 현실적 상황이 따라주지 않고 사회적 현상과 비교해도 별반 다르지 않음을 볼 때 실망이 더 크고, 상처와 갈등이 깊어지는 것이다. 기대가 높기에 실망이 더 크다는 것이다. 한마디로 말하면, 교회가 미성숙하기 때문에 상처와 갈등이 생기는 것이다.

구조적 갈등의 원인

먼저 교회 갈등의 원인을 살펴보면, 거기에는 교회의 구조적 갈등이 주원인인 것을 발견할 수 있다. 교회 내의 불만과 문제는 대부분 시스템의 문제로 인해 발생한다. 즉 교회의 구조가 잘못되어 그 반작용으로 일어나는 결과들이다. 주로 목회자와 성도들 간의 구조적 갈등이나 교회 운영의 미성숙한 결함으로 인하여 나타나는 결과물들이다.

첫째, 목회자의 '권위적인 교회 운영 방식' 때문이다.

목회자의 사고가 비상식적이고, 비민주적이고, 비합리적이고, 독단적이고 권위적이며, 절대 카리스마적인 영역만 강조하다 보니 교회를 편협적으로 운영하거나 자기 주관으로만 끌고 나갈 때 거기에 반하는 교인들과 충돌이 일어나며 갈등과 분열이 나타나는 것이다. 거기다가 목회자가 조정할 줄 모르고 무조건 따라오라고만 강요한다면, 교회가 나누어지는 것은 불을 보듯 뻔한 일이다.

더욱이 헌금 문제와 같이 예민한 부분은 상식적이고 민주적으로 해결해야 하는데, 영도력을 주장하며 계시적 권위로만 강요하는 것은 오늘날같이 현대화된 성도들의 신앙적 가치와 상식에는 맞지 않는다. 또 요즈음 성도들은 싫으면 금방 싫다고 표현하며 맞서기도 하기 때문에 갈등과 분열이 생기지 않을 수 없다. 이런 현상은 다 목회자의 비민주적이고 절대 권위적인 부작용으로 나타난 구조적 결함이라고 아니할 수 없다.

둘째, 성도들의 '미성숙한 신앙관' 때문이다.

교회는 사회와는 다른 조직이다. 그것은 교회가 영적이고 유기적인 공동체라는 사실이다. 즉 교회는 말씀과 성령 안에서 교회의 머리 되신 예수 그리스도와 하나님 나라와 영광을 위해 나의 희생과 사랑과 섬김을 통해 봉사하는 영적 공동체인 것이다. 그래서 교회에는 '은혜와 섬김'이 공존해야 한다. 하나님의 은혜를 받았으면 섬김과 봉사로 교회를 아름답게 세워나가는 사명이 있는 것이다. 그런데 은혜만 추구하고 책임을 지지 않는다면 그것은 미성숙한 교인들의 모습이다. 권리만 있고 의무가 없으면 병든 공동체이다. 교회는 성도들에게 축복의 통로이면서도 교회 부흥의 사명감으로 충성을 다해야 하는 의무의 자리이기도 한 것이다.

그런데 미성숙한 교인들은 교회를 편리한 사랑의 구조로만 생각하여 교회에서는 사랑만 받고, 축복만 받고, 평안만 얻는 기복적 신앙으로 치우친다. 즉 기도 응답받으면 좋고, 예배드려 평안하면 됐지, 내가 교회를 위해서 구태여 셀에 참석하고, 교회에 봉사하고, 희생하는 행위가 왜 필요한가 하는 식이다. 또 그렇게 하면 오히려 시험에 들고 상처받고 문제가 생길 수 있기에 그렇게 하고 싶지 않은 것이다.

이것이 요즘 현대 성도들의 문화적 가치(trend)이다. 주로 개인주의적 신앙이고, 인본주의적이며 편협한 신앙관과 관람적인 교회관을 가진 사람들의 특징이다. 그래서 이들에게 의무를 강조하고 사명과 책임을 강요하면 아예 교회를 불신하고 반감을 토하며 목회자와 충돌하고 대적하는 경향이 종종 일어난다. 잘못된 교회관과 목자관을 가진 결과이다. 교회도 은혜와 섬김, 권리와 의무, 축복과 헌신이 공존하는 곳임을 잊어서는 안 되는 것이다.

셋째, 교회 '사역 기능의 오작동' 때문이다.

이것은 교회의 기관이나 제직들의 기능이 잘못 작동됨으로써 나타나는 부작용이다. 장로가 장로다워야 하고, 권사가 권사다워야 하는데, 자기에게 주어진 사명과 직분을 제대로 감당하지 못하여 미꾸라지 한 마리가 시냇물을 흐려놓는 것처럼 교회 전체에 누수를 일으켜 그 구멍 때문에 교회에 문제와 갈등을 크게 유발하는 것이다. 사역의 시스템이 제대로 작동하지 않았기 때문이다.

예를 들어, 전도회는 전도하는 기관이 되어야 하고, 기도회는 기도하는 기관이 되어야 하며, 찬양대는 찬양하는 기관이 되어야 하고, 선교회는 선교하는 기관이 되어야 한다. 그런데 각 조직이 그 기능에 상관없이 전도회에서 고춧가루를 팔아서 구제한다면 그것은 구제부에서 담당할 일이지 전도회가 할 일은 아닌 것이다. 이처럼 조직과 기능이 거기에 합당한 사역으로 이뤄져야 하는데 시스템이 뒤죽박죽 체계가 없으면 혼선이 일어나고 다툼의 여지가 많은 것이다. 또 한 사람이 이중삼중으로 일이 겹쳐 다중 역할을 하다 보면, 탈진하고 과부하가 일어나 갈등과 분열의 중심에 설 때도 있다. 그러므로 교회는 정관을 분명히 만들고, 교회 사역을 그 기능에 맞게 규칙을 정하고, 질서에 따라 유기적으로 감당케 함으로써 건강한 공동체를 이루어야 한다.

넷째, '교회 행사가 실패'로 나타날 때이다.

교회가 행사를 하면 거기에 따른 성과가 크고 작게 일어나야 하는데, 행사를 하면 할수록 더 침체되고 더 시험에 들고 더 갈등이 일어나는 구조가 되면 이것은 분명하게 욕먹는 구조적인 결함의 문제인 것이다. 즉 행사 실패의 허탈감이 행사 과정의 노력과 피로감보다 훨씬 더 큰 상처가 되는 것이다. 일단 행사를 하면 작은 것부터 성공하는 경험을 쌓아나가야 한다. 크고 작은 행사를 통해 업적을 나타내면 점점 더 자신감도 붙고 내공도 생겨 앞으로 더 큰 행사도 넉넉히 치를 수 있게 될 것이다.

그런데 작은 것을 해도 실패요, 큰 것은 더욱 큰 상실감으로 다가오고, 성과 없이 실패의 상처가 쌓이면 추락하는 것은 날개가 없는 것처럼 금방 무력감에 빠지고 한계에 봉착하여 스스로 무너지는 경우가 많다. 빨리 성공의 경험을 길러야 할 것이다. 기도 응답의 둔화도 마찬가지이다. 기도를 해도 해도 희망이 안 보이고, 그래서 기도 내용을 바꾸어도 응답은 계속 없고, 이런 기도 응답의 기대가 무너지면 심리적 공허와 좌절감에 빠질 수 있다. 또 기도해도 소용없다는 생각에 더 이상 기도의 습관을 만들지 않게 된다. 그러므로 이런 이들은 기도의 성공적 경험과 하나님의 뜻에 대한 분명한 섭리 의식을 충전하여 빨리 그 좌절의 늪에서 헤어 나와야 할 것이다. 그렇지 않으면 매사가 비판적이요, 부정적이며 공격적인 사람이 되고 말 것이다.

그러므로 교회 행사는 일단 시작하면 구조적으로 실행력과 단결력을 동원하여 일정의 결과물을 만들어내야 하고, 그것이 안 되었을 때는 다시금 뼈를 깎는 노력을 통해 수정 보완하여 다음에는 더 나은 성과물을 경험해야 허탈과 좌절의 늪에 빠지지 않게 된다. 이제부터라도 작은 것부터, 쉬운 것부터, 가능한 것부터, 지금 여기서부터 성공을 경험하자! 그리고 그 성공을 타고 더 큰 성공의 창공을 향해 날아가 보자! 행정력과 실행력을 길러 보자! 도전과 변화와 성장을 계속 훈련하자! 그러면 어느새 당신은 큰바위 얼굴로 달라져 있을 것이다.

02.
교회 문제의 영적 갈등

교회에 숨겨진 영적 갈등도 많다!

교회는 사회조직과 달리 영적인 공동체이다. 교회는 보이는 것이 다가 아니다. 그 뒤에는 보이지 않는 영적 전쟁과 싸움이 있다. 이 싸움에서 성도들이 패배하고 뒤로 물러나며 침윤에 빠지게 되며 심각한 우울증에 걸리기도 하고, 패배감과 상실감, 무력감과 적대감의 늪에서 허우적대며 방황하고 헤매게 되는 것이다.

그러므로 성도는 교회가 사회조직과 달리 철저히 주님으로부터 공급받는 영적 공동체라는 사실을 잊어서는 안 된다. 또한 본인도 교회 안에서 영적으로 참된 은혜와 행복을 누리지 못한다면 아무리 구조가 평안하고 안정적이라 할지라도 결국 공허함과 영적 갈증과 목마름을 느끼게 될 것이다. 그렇게 되면 시험에 들고 문제를 일으키기도 하고 교회를 옮긴다고도 하고, 이단 사설에 빠지기도 하는 것이다. 교회 문제의 궁극적인 원인을 찾아보면 사실 실제로 그 뒤에는 영적인 갈등의 상처가 산적해 있는 부작용의 결과인 것을 알 수 있다.

교회 내 영적 갈등의 원인

교회 내의 영적 갈등은 과중한 사역과 성도들의 영적 결핍으로 인한 문제와 상처들의 결과라 할 수 있다. 즉 예배의 결핍, 기도의 결핍, 찬양의 결핍, 전도의 결핍, 주님과 교제의 결핍, 말씀의 결핍, 교제의 결핍 등 교회 내에 영적 관계와 활동이 종교적이고 외식적이며 형식적인 신앙생활로 변할 때 나타나는 부작용의 결과이다.

첫째, '과중한 사역'으로 인한 피로감 때문이다.
교회 사역이 너무 많아 번아웃, 탈진되거나 질병에 걸릴 때 목회자는 무력감을 느낀다. 또 사역의 일과 영성의 분배 실패로 무력감을 체험한다. 즉 일을 많이 하면 영적으로 고갈되지 않도록 기도도 많이 하면서 채워야 하는데, 일만 많이 하니 과부하가 일어나 무력감에 빠지는 것이다.

구약의 엘리야 선지자가 그런 경우였다. 850명의 바알과 아세라 선지자를 처단하는 쾌거를 올렸지만, 곧 이세벨의 공격으로 광야 호렙산으로 도망가 로뎀 나무 밑에서 심한 우울증으로 스스로 죽기를 바라기도 했다. 위대한 선지자 엘리야도 사역의 중압감과 영적 고독의 무력감으로 인해 심각한 침체의 길을 걸어갔다. 이것은 엘리야가 너무 일 중심의 과중한 사역을 했고, 영적으로도 지쳐 있어 주님과의 개인적 교제의 시간을 놓친 결과였다고 할 수 있다.

베드로도 마찬가지였다. 그는 예수님의 수제자로 미친 듯이 주님을 따라가며 많은 사역들을 함께하며 충성했다. 그러나 그럼에도 기도하지 않았고 영적 에너지는 점점 고갈되어 급기야는 가야바 뜰에서 예수님을 세 번이나 부인하는 배신의 아이콘으로 낙인찍혔다. 그 후 예수님의 부활을 목격하지만, 여전히 영적 고갈의 상태가 회복되지 않아 갈릴리 바다로 고기잡이를 떠나는 무력감을 보여주었다. 이때가 영적 고갈의 최고조였다. 그때 부활의 주님이 나타나 사명 질문을 하시며 영적 재충전을 부어주셨고, 그 이후 성령 강림을 통해 다시 성령 충만함으로 사역의 길을 힘차게 걷게 되었다. 이것도 베드로가 너무 일 중심의 과중한 사역을 했고, 영적으로 지쳐 정작 주님과의 개인적 교제의 시간은 놓친 결과였다.

둘째, '영적 게으름'으로 나타난 침체 현상 때문이다.
첫 번째 현상이 사명을 위해 너무 많이 일을 해서 나타난 탈진 고갈이라고 한다면, 두 번째 현상은 영성 훈련의 게으름으로 나타난 부정적 현상이다. 예를 들어, 기도를 쉬는 죄를 범하고 사명을 회피하고 도망가거나 예배 생활을 제대로 하지 않아서 세속적 욕심에만 눈이 어둡게 되는 등, 영적 게으름의 습관이 계속 나타남으로써 일어난 영적 침체 현상이다.

먼저 요나가 그랬다. 하나님께서 니느웨로 가라고 명령하셨지만,

원수의 나라가 회개하는 것을 바라지 않았기 때문에 불순종했고, 니느웨 반대편인 다시스로 배를 타고 도망갔다. 그 배 가운데서도 기도하지 않았고, 잠을 청하며 아무 일도 없을 것이라고 기대하다가 그만 풍랑을 만나 큰 고기 위장 속에서 회개하는 고독의 시간을 통해 다시 니느웨로 돌아가 순종하는 삶을 살았다. 이것도 요나의 불순종으로 인한 영적 게으름의 결과였던 것이다.

다윗도 마찬가지이다. 여느 때 같으면 매일 기도하고 예배드리고 찬양하는데 왕이 되고 나서는 영적 게으름이 왔다. 그때는 기도하지도 않았고, 암몬과의 전쟁에도 나가지 않았으며, 늦잠을 늘어지게 자다가 저녁쯤 일어나 왕궁 옥상을 거닐었다. 마침 그때 한 여인의 목욕하는 아름다운 모습을 보고 욕정이 일어나, 그다음에는 간음과 살인, 간계와 모략의 연속으로 다윗은 하나님과의 영적 단절과 침체의 늪으로 빠져버렸다. 그야말로 전형적인 영적 게으름의 침체 모습이었다.

그 밖에 엘리 제사장의 영적 게으름도 목격할 수 있다. 나이가 들며 그는 기도하지 않았고 말씀을 가르치는 사역도 게을리했으며, 몸은 비대해지고 영적 침체의 길을 걸어 결국에는 블레셋과의 전쟁에서 패했다는 소식과 두 아들의 죽음 소식에 충격을 받아 의자에서 떨어져 죽고 말았다. 사울 왕도 처음엔 예배와 기도에 신실한 사람이었지만 점점 시간이 가며 권력욕과 물욕으로 영적 생활의 게으름이 극에 달해 결국 버림받고 스스로 생을 마감하는 어리석음을 범하게 되었다.

셋째, 사역자의 '능력 한계'와 '자존감의 위축' 때문이다.

목회자가 처음엔 열정적으로 목회를 하지만 시간이 가면서 해도 해도 안 되는 실패감과 열등감에 봉착하게 될 때가 있다. 기도도 열심히 했고 거룩함을 추구했으며 열심히 목회했는데도 열매가 없고, 부흥이 없고, 성과가 없을 때 오는 무력감과 상실감에 따른 자존감의 위축은 실로 깊은 자아의 우울증과 낭패감으로 나타나지 않을 수 없다. 그리고 실패를 자꾸 생각하면 할수록 자신의 무능함과 능력 부족이 더 느껴져 목회 사명에 대한 회의감마저 들고 만다.

더욱이 자신을 둘러보니 '나는 학벌도 없고, 실력도 별로고, 설교도 그다지 탁월하게 잘하지 못하는 것 같다. 사람을 사귀는 인맥도 넓지 못하다. 주변에 좋은 성도가 있는 것도 아니고, 아무리 설교를 해도 몇 명 되지 않는 성도들마저도 변화의 모습이 보이지 않는다. 더욱이 목회한다고 가정마저 돌보지 않아 가정형편도 너무 힘들다. 과연 나는 주의 종으로 부름받은 것이 맞는가?' 이러한 실존에 대한 자존감 결여와 사명감 결여로 자아가 와르르 무너지며 영적 갈등과 우울함이 가슴 깊이 스며들어 절대로 일어나지 못할 정도로 무력감을 느끼게 된다. 참으로 안타까운 현실이다.

그러나 성경의 예를 보면 믿음의 영웅들은 다 약할 때 강해진 사람들이었고, 부족할 때 크게 쓰임 받은 사람들이었다는 것을 발견할 수 있다. 모세를 보라. 그는 애굽과 이스라엘에 버림받았으며, 말도 어눌해서 부끄러워할 정도였다. 그러나 그는 말 대신 글은 잘 썼다. 또 형 아론이 말을 보충해 주었고, 버림받은 것에 있어서는 하나님이 지팡이를 주며 권능을 부여해 주셨다. 그는 팀 사역을 통해 보완해 나갔고, 주신 사역을 끝까지 잘 감당했다. 베드로도 마찬가지였다. 그는 배경과 학벌이 없었다. 글도 잘 못 썼다. 그러나 대신 설교를 남들보다 잘했다. 그 장점을 살려 크게 쓰임을 받았다. 또한 바울은 말을 잘 못했다. 설교도 잘 못했다. 그러나 글은 잘 썼다. 열정도 탁월했다. 또한 그는 몸이 아주 약했다. 그러나 기도의 능력은 강했다. 바울이 가는 곳마다 기적이 일어났다. 그도 장점을 잘 살려 크게 쓰임 받았다. 이것이 믿음의 사람들의 특징이다.

그러므로 사역자는 빨리 능력의 한계와 **'열등감의 감옥'**에서 빠져 나와야 한다. 즉 부정적인 자화상과 패배감과 상실감의 자화상에서 속히 뛰쳐나와야 한다. 주님의 종으로 부르실 때는 분명한 목적과 섭리가 있다. 필요하니까 부르신 것이다. 그러므로 나의 은사와 사명을 찾아야 한다. 굼벵이도 구르는 재주가 있다고 하지 않는가? 분명히 당신의 사명과 장점이 있을 것이다. 그것을 살려야 한다. 당신 사역의 방향도 잘 분별해서 달려갈 수 있어야 한다. 내가 잘하는 것, 쉬운 것, 할 수 있는 것, 가능한 것, 좋아하는 것, 보람과 의미를 느끼는 것, 내가 필요한 곳 등을 생각하며 사역의 방향을 찾아야 한다. 없는 것 갖고 불평하지 말고, 있는 것 갖고 감사하면 더욱 개발케 해주시는 하나님 은혜를 체험하게 될 것이다.

더욱이 심한 무력감의 **'우울증 마음'**을 벗어던지고 빨리 헤어 나와야 한다. 우울증은 영혼의 감기이다. 우울증은 주로 유전적이거나 가족력이 원인이 되기도 하지만, 대부분 후천적으로 생활하면서 환경적 요인과 스트레스와 외로움 등이 더 큰 원인이 되기도 한다. 주로 신경질과 짜증이 2주 이상 되거나, 불면과 불규칙적인 식사가 반복되거나, 에너지 상실과 무력감이 밀려오거나, 스트레스로 두통과 소화불량이 오며, 부정적 생각에 잠식되면 보통 우울증에 걸린 것이라고 판정한다. 이렇게 목회자들도 능력 부족과 자존감의 위축으로 우울증에 걸리는 경우가 인생에서 보통 서너 차례 정도 된다고 한다. 목회를 하다 보면, 누구나 한 번쯤은 우울증에 걸린다는 것이다.

따라서 이런 우울증에 걸리지 않으려면 신체적으로 우선 수면을 충분히 취하는 것이 좋다. 보통 8~9시간 자는 것이 좋다고 한다. 그리고 규칙적인 생활, 명상 기도와 호흡 수련, 긍정적인 자아 돌아보기, 맛있는 음식 먹기, 좋은 사람과 교제하기, 상담 코칭 하기 등으로 평소에 좋은 습관을 길러야 한다. 더욱이 우울증에 걸리게 되면 성령의 능력으로 치료되기도 하지만 깊은 우울증일 때는 정신과 상담과 약물치료도 배제하지 말아야 한다. 그것도 하나님의 치료 방법임을 인지해야 할 것이다.

더욱이 우울증 치료를 위해 신체적으로 '규칙적 운동과 경보 걷기' 등을 통해 활력을 회복하는 것도 좋은 방법이다. 무엇보다도 우울증에는 '감사 생활'이 특효약이다. 감사한 사람과 감사한 일들을 생각해 보고, 노트에 적기도 하며, 감사를 일상화 습관화하는 것이다. 또 내가 좋아하는 일을 하고, 맛있는 것도 먹으며, 스트레스를 줄이는 일을 하는 것도 감사의 좋은 동기가 된다. 그리고 좋은 추억들을 생각하며 긍정적이며 매사 감사의 생각으로 가득 채우고, 환경도 감사가 넘치게 변화, 조정해 보는 것이다.

넷째, 교회의 '거룩함 상실' 때문이다.

이것이 가장 큰 영적 갈등의 원인이다. 성도의 미성숙과 교회의 분열은 거룩함이 무너질 때 가장 크게 나타난다. 그러므로 성도의 목표는 성공과 축복이 아니라 거룩함이다. 목회자의 목표도 교회 부흥과 건축이 아니라 거룩함이다. 하나님께서도 내가 거룩하니 너희도 거룩하라고 하셨다. 예수님도 내가 거룩하니 너희도 거룩하라고 하셨다. 성도의 삶의 제일 되는 목표는 하나님께 영광이다. 그러나 그것도 거룩함을 통해 영광을 돌리는 것이다. 아무리 예배를 드려 영광을 돌린다 해도 거룩한 예배가 아니면 그 영광이 찢겨 버린다. 아무리 기도를 해서 영광을 돌린다 해도 거룩하지 않은 기도는 울리는 꽹과리에 불과하다.

오늘날 얼마나 많은 성도들이, 또 얼마나 많은 목회자들이 거룩함을 상실하고 있는가? 수단과 방법을 가리지 않고 성공만 하면 된다는 실용주의 노선에 편승하여 세상의 가치와 기독교 가치가 전혀 구별되지 않은 지가 오래되었다. 목회 성공은 교회 부흥과 건축이 아니다. 거룩함을 유지하는 것이 목회 성공이다. 과정을 무시하면 안 된다. 아무리 성공지향적인 세상이라 해도 과정이 거룩하지 못하면 천천히 가야 한다. 비록 손해를 본다 해도 기쁨으로 거룩함의 가치를 지켜야 한다. 이것이 정도이다. 이것이 행복이다. 이것이 축복이다.

그러므로 한국교회는 이제라도 거룩함을 보존해야 한다. 더 이상 일탈행위를 합리화해서는 안 된다. 유행과 세속적 습관을 좇는 것이 경건함에 반하는 것임을 분명히 해야 한다. 더욱이 목회자는 겸손함과 검소함과 진실함의 거룩성을 습관화해야 한다. 더 이상 코람데오의 신앙을 무시하지 말아야 한다. 성도들에게는 코람데오의 신앙을 가지라고 하지만 정작 목회자 본인은 코람데오를 지키지 않는 바리새인과 같은 위선 신앙에서 이제는 탈피해야 한다. 그렇지 않는다면 하나님이 결코 쓰시지 않을 것이다. 아니, 성공한다 할지라도 결코 끝이 좋지 않을 것이다. 사울 왕처럼 말이다.

그러므로 21세기 한국교회 목회자와 평신도의 가장 큰 영적 갈등의 문제는 거룩성의 결여임을 명심해야 한다. 이것을 회복하지 않으면 한국교회는 결코 부흥할 수 없다. 바람직한 성장을 이룰 수 없다. 저주받을 것이다. 징계받을 것이다. 심판받을 것이다. 한국교회여! 거룩함을 회복할지어다! 한국교회 목회자들이여! 거룩함을 회복할지어다! 한국교회 평신도들이여! 거룩함을 회복할지어다! 아멘!

03. 교회 문제의 총체적 해결 방안

구조적 갈등을 해결하는 방법

교회 내의 구조적 갈등은 구조를 바꾸면 되는 것이다. 시스템의 문제를 발견하고 그 문제를 수정 보완하면 되는 것이다. 즉 교회 구조가 잘못되었다면 그 구조를 고치고 수정하며 보완하면 더 큰 시너지 효과가 나타날 것이다.

첫째, 조직을 '유기적으로' 바꾸는 것이다.
사회학자 맥두걸은 조직을 유기적으로 정비하면 구조의 문제는 자연히 해결될 것이라고 주장한다. 교회에서 문제아가 생기면 그 한 사람만 없으면 갈등이 해결될 것 같지만 그렇지 않다. 오히려 그 문제아가 없어지면 그 조직에 이상하게 똑같은 문제아가 또 생겨 문제가 계속 발생하더라는 것이다. 그러면 무엇이 문제인가? 조직의 시스템이 문제였다. 시스템이 잘못되었기 때문에 누가 들어와도 문제아가 또 발생할 수밖에 없는 구조라는 것이다. 그러므로 문제가 발생하면 사람을 없애는 것이 아니라 조직을 유기적으로 바꾸어야 그 문제가 근본적으로 해결될 수 있다는 것이다. 여기에는 몇 가지 유기적 조직 관리의 원리가 있다.

첫째로, 유기적인 조직은 '인위적인 조직'보다 **'자발적인 조직'**을 구성하는 것이다. 교회부서를 만들 때도 위에서 아래로 하달하는 인위적 조직보다 밑에서 위로 조정하는 자발적인 조직이 훨씬 더 응집력이 있고, 역동적인 조직이 된다. 만약 위에서 아래로 하달되는 인위적 조직이 강요되면 구조적 갈등이 종종 발생해 시기와 질투, 다툼과 갈등의 결과가 나타날 때도 있다.

둘째로, 유기적 조직은 '이질적 조직'보다 **'동질적인 조직'**을 구성하는 것이다. 서로 다른 계층이나 배경의 사람은 맞추기도 힘들고 갈등을 해소하는 기간도 길어질 수 있다. 그러나 비슷한 사람끼리 모이면 갈등도 줄이고, 더 빨리 적응할 수 있으며, 에너지 응집력도 더 폭발적일 수 있다. 유유상종 법칙, 동질적 구조로 바꾸는 것이 지혜로운 배치이다.

셋째로, 유기적 조직은 '소속감이 없는 조직'보다 **'소속감이 강한 조직'**을 구성하는 것이다. 소위 브랜드 효과이다. 내가 속한 조직이 최고로 좋다고 생각하는 효과이다. 아니, 최고는 아니더라도 이 조직에 속할 가치와 명예가 충분히 있다고 생각하는 의식이다. 그런 생각을 해야 그 조직이 결속력을 갖고 발전할 수 있는 것이다.

넷째로, 유기적 조직은 '목표가 희미한 조직'보다 **선한 목표가 있는 조직**'을 구성하는 것이다. 아무리 동질적 조직으로 모였다 해도, 모여서 밥만 먹고 취미생활만 하다가 헤어진다면 그 모임은 무미건조해지고 보람도 가치도 결속력도 약해질 것이다. 건강한 조직을 구성하려면 그 모임의 목적과 목표를 선명하게 해야 한다. 그 선한 목적을 이루기 위해 목표를 잘 정하고 달려가면 그 조직의 구성원들도 보다 의미 있고 보람 있게 헌신할 것이다. 따라서 모든 조직은 나름대로 선한 의미와 목표가 있어야 힘을 발휘할 수 있고 건강해질 수 있다.

다섯째로, 유기적인 조직은 자주 바뀌는 '유동적인 조직'보다는 **'안정적인 조직'**을 구성하는 것이다. 조직이 자주 바뀌면 구성원들의 마음이 산란하고 불안해한다. 혼란이 가중된다. 뿔뿔이 흩어지게 된다. 조직은 자주 바뀌는 것이 좋지 않고 안정적인 조직을 구성하는 것이 바람직하다. 왜냐하면 안정적인 조직은 모이는 작용을 하고, 힘을 지탱하는 구심력을 키우기 때문이다. 따라서 조직 구성에는 아무리 약점이 있다고 해도 함부로 그 조직을 깨뜨리지 말고 그것을 수정 보완하여 지속 가능한 그룹으로 발전시켜 나가는 것이 좋다. 그렇지 않으면 전체 그룹이 타격을 입을 것이다.

여섯째로, 유기적 조직은 '큰 그룹'을 만드는 것보다 **작은 그룹의 조직**'을 만드는 것이다. 조직의 갈등 지수는 구성원이 많을수록 높다. 왜냐하면 구성원이 많으면 그만큼 의사소통이 힘들기 때문이다. 보통 성경은 작은 그룹을 10~12명으로 정한다. 모세는 최소 단위를

10명으로 정했고, 예수님은 12명을 기본으로 하여 제자로 삼으셨다. 따라서 건강한 교회 조직도 10~12명 이상의 숫자가 되면 다시 작은 단위로 번식하는 것이 갈등 해소를 위해 효과적이다.

둘째, 조직에 맞는 '유능한 지도자'를 세우는 것이다.
심리학의 아버지 프로이트는 조직에 맞는 유능한 지도자를 세울 때 비로소 그 조직이 유기적이고 기능적으로 움직일 수 있다고 주장했다.

교회 갈등을 일으키는 주된 원인은 세 가지로 압축할 수 있다. 첫째, 내가 속한 교회 조직이 마음에 안 들고 불편할 때이다. 둘째, 그 조직의 리더와 관계가 안 좋을 때이다. 셋째, 조직 구성원들끼리 관계가 불편할 때이다. 이 세 가지 원인을 해결할 수 있는 가장 좋은 방법은 거기에 맞는 적절한 지도자를 세우면 된다. 탁월한 지도자는 조직의 가치를 높이고, 조직 구성원과 원만한 관계를 형성하며, 조직 구성원들끼리도 화해와 조정의 리더십으로 하나 됨을 이루어 간다. 따라서 유능한 지도자를 세우면 조직도 살고, 관계도 회복되는 놀라운 변화가 있다. 그래서 지도자가 중요한 것이다. 어떤 지도자가 오느냐에 따라 공동체의 색깔과 승패가 달라지는 것이다. 여기에 지도자를 세우는 몇 가지 자격조건이 있다.

첫째로, **'전문성을 갖춘 리더'**가 되어야 한다. 교회 각 기관이나 부서를 담당하려면 우선 전문적인 은사가 있어야 한다. 만약 전문적인 재능도 없이 그 일을 하게 되면 사역도 즐겁지 않고 조직 구성원들도 따라오지 않는다. 예를 들어, 목사는 무엇보다 설교를 잘해야 한다. 찬양대는 노래를 잘해야 한다. 교사는 가르치는 은사가 있어야 한다. 차량부는 운전을 잘해야 한다. 식당부는 음식을 잘해야 한다. 그런데 만약 이런 전문성을 갖추지 않은 사람이 사역을 감당하면 그 조직은 잠재적 갈등과 분열을 일으킬 소지가 있다. 그러므로 그 조직의 리더가 되려면, 먼저 조직에 합당한 전문성을 길러야 하고, 만약 전문성이 전혀 없다면 다시 한번 그 소명에 대해 재고하며 생각할 필요가 있다.

둘째로, 리더는 '**사랑과 섬김의 인성**'을 길러야 한다. 이것은 성숙한 인격을 말하는 것이다. 아무리 전문성이 있다고 해도 인격이 미성숙하면 그 조직을 성공적으로 이끌 수 없다. 지도자는 성숙한 인격을 갖고 한 사람 한 사람을 품을 수 있는 관용과 포용력을 갖춰야 한다. 또 내가 먼저 솔선수범하는 희생과 섬김의 본이 되어야 한다. 예수님도 한 마리 양을 위해 산을 넘고 물을 건너 모진 고통과 비바람을 감내하지 않았는가? 그러므로 지도자의 중요한 덕목은 사랑과 섬김의 성숙한 인격의 함양이다.

셋째로, 리더는 '**협력체계의 능력**'을 길러야 한다. 사람과 사람, 조직과 조직, 생각과 생각의 차이를 원만하게 풀 수 있는 협력체계의 능력이 없다면 아무리 실력과 인성을 갖춰도 그 조직을 끌고 가는 리더십에 문제가 생긴다. 따라서 유능한 리더는 주변의 사람들과 좋은 협력체계를 만들어간다. 그래서 혼자 일을 하는 것이 아니라, 참모들과 함께 움직이는 팀 사역을 주도한다. 작은 것부터 큰 것까지 모든 일에 협력체계를 형성하여 단단한 결속력으로 분명한 성과를 내게 한다. 더불어 반대 세력과도 양보와 타협과 조정을 합의하는 협력체계의 능력을 길러 윈-윈 하는 결과물을 만들어내는 것이다.

이렇게 협력체계의 능력을 기르기 위해서는 최소한 두 가지 덕목이 필요하다. 먼저 조직을 원만하게 이끄는 '**조정력**'이다. 민주적이고 합리적인 사고를 하는 사람이 필요하다. 독단적이고 주관적인 경향의 리더십은 갈등과 분열을 일으킨다. 그래서 리더는 탁월한 균형감각을 가지고 윈-윈 할 수 있는 조정력을 발휘해야 한다. 그 조정력은 분열이 아니라 화합하는 리더십이고, 감정적 조정이 아니라 이성적 조정이며, 마이너스 조정이 아니라 플러스 조정이 되게 하는 것이 좋다. 무엇보다 그 조정력은 성령의 조명하심에 귀를 기울여야 하며, 말씀의 지혜를 얻어야 하는 것이다.

두 번째로 상호 협력체계의 덕목은 '**투명성**'이다. 옛날에는 리더가 되면 특권의식을 갖고 밀실에서 독단적으로 운영을 했다. 그러나 이제는 그런 일이 통하지 않는다. 또 그렇게 하면 구성원들이 따라오지 않는다. 지금은 공감의 과정이 있어야 하고, 행정의 적합한 절차를 밟아야 지지와 응원을 등에 업을 수 있다. 또 설사 반대하는 사람이 있어도 크게 문제 삼지 않게 된다. 이 모든 것이 투명성이다. 만약 불법, 탈법, 위법, 가법 등을 사용하면 결국 나중에 다 드러나게 되는 세상이다. 요즘 CCTV가 얼마나 많이 설치되어 있는가? 사방팔방이 다 눈들이다. 조금만 이상하게 행동해도 금방 인터넷으로 유포되어 세상이 다 아는 시대가 되었다. 그러므로 이제는 일에나,

말에나, 행동에나 항상 투명성이 전제되지 않으면 결코 협력체계의 공감을 이룰 수 없다.

셋째, '사랑의 구조'로 분위기를 조정하는 것이다.

모든 갈등 구조는 사랑만 하면 다 해결되는 것이다. 교회도 사랑의 공동체로 탈바꿈만 되면 어떤 문제가 닥쳐도 다 용해되고 녹아들고 해결되며 넘어가는 것이다. 사랑이 제일이다. 사랑만 충만하면 교회 구조적 갈등 구조는 자연스럽게 해소된다. 아무리 유기적 조직과 유능한 리더가 있다 해도 그 안에 사랑의 관계가 형성되지 않으면 말짱 도루묵이다. 끊임없이 갈등의 불씨를 안고 뛰어드는 것이다. 그러므로 무슨 일을 하든지 사랑의 관계를 만드는 것이 제일 중요하고, 조직과 리더는 사랑의 분위기를 형성하기 위해 최선을 다해야 할 것이다.

특별히 사랑의 구조를 형성하는 데는 크게 두 가지 특징이 있다고 한다. 첫째가 웃음 문화이고, 둘째가 대접 문화이다. 이 두 가지가 교회 속에 잘 나타나면 그 교회는 사랑이 충만한 교회요, 사랑의 분위기가 물씬 넘치는 교회라고 한다.

첫 번째 **웃음 문화**라는 말은 예배 시간이든, 소그룹 시간이든, 설교 시간이든, 봉사 시간이든, 무슨 시간이든 간에 서로 허심탄회하게 열린 마음으로 웃으며 즐거운 시간을 갖는 것을 말한다. 즉 교회 생활을 긍정적으로 즐겁게 수용하며 기쁨으로 순종하는 삶을 사는 것이 웃음 문화의 특징이다.

두 번째 **대접 문화**는 일주일에 한 번은 모여 커피 타임, 식사 타임, 야외 소풍 타임, 함께 봉사 타임, 함께 전도 타임 등을 하며 서로 먹고 마시며 의사소통을 원활하게 하는 것을 말한다. 일주일에 한 번 셀 모임 하는 것이 좋은 예라 할 수 있다. 셀 모임에는 예배가 있고, 교제가 있고, 다과가 있으며, 서로 대접하는 사랑의 관계가 있기 때문이다. 그러므로 교회에 구조적 갈등을 해결하기 위해서는 사랑의 구조, 즉 상호 웃음과 대접이 넘치는 분위기를 회복하는 것이 최선이 될 것이다.

영적인 갈등을 해결하는 방법

교회 공동체는 영적인 기쁨이 우선이다. 교회 구조가 다소 문제가 있어도 영적인 기쁨과 은혜가 넘치면 수면 아래로 내려갈 수 있다. 그러나 영적인 문제가 생기고 영적 능력이 상실되면, 그 성도는 금방 구조적 한계를 느끼며 시험이 들어 이탈하게 될 것이다. 그만큼 교회에서는 영적인 평안과 기쁨이 무엇보다 중요하다. 그러면 성도들에게 영적인 침체와 갈등이 일어날 때 교회에서 어떻게 해야 해결할 수 있겠는가?

첫째, 영적 회복은 '십자가와 복음'으로 돌아가야 가능하다.
교회에서 누릴 수 있는 가장 큰 행복은 십자가의 체험과 복음의 체험으로 하나 되는 것이다. 예수 안에 생명, 예수 안에 평화, 예수 안에 능력이 있는 것이다. 이것은 세상이 주는 기쁨과 다른 영적 환희이고 보람이며 행복이다. 그런데 성도의 믿음이 떨어졌을 때, 성령의 소욕보다 세속적 욕심이 강해졌을 때, 거룩함이 상실되었을 때, 교만했을 때, 은혜의 삶이 재미가 없을 때, 사역에 지치고 곤하게 되면, 자연히 세상으로 나가 세상의 향락을 좇게 되는 것이다.

고린도 교회가 그랬다. 고린도 교회 성도들이 네 개 당파로 찢어져 영적 침체와 갈등을 일으키며 서로 잘났다고 싸우고 분열했다. 바울파는 개척 멤버들로서 새로 유입된 믿음 좋은 사람들이 앞서는 것을 좋아하지 않았다. 아볼로파는 아볼로의 지성과 설교에 매료되어 수준 낮은 성도들을 영접하지 않았다. 베드로파는 유대 율법에 능통한 제직들로 이방인의 높아짐을 허락하지 않았다. 그리스도파는 이것도 저것도 다 싫다고 하며 신비로운 영지주의적인 교만에 빠져 그리스도 당파를 하나 더 만들었다. 다 이유는 있지만 모두 자기중심적인 믿음의 잣대에서 일어난 미성숙한 모습이었다.

그래서 사도 바울은 처음 신앙, 처음 믿음, 십자가와 복음으로 돌아가야 하나가 될 수 있다고 강조했다. 그들이 십자가를 버리고 자신들의 이기심과 교만으로 시기 질투했기 때문에 교회가 심각한 분열로 치닫게 된 것이다. 그래서 육체의 소욕을 버리고 성령의 소욕으로 십자가와 복음으로 돌아가야 다시 회복과 부흥을 체험할 수 있다는 것이다. 사도 바울도 원수들의 공격으로 사역에 지치고 힘들어 우울증까지 걸릴 때 머리를 밀기도 하고, 서원기도를 하기도 했지만 좀처럼 회복되지 않았다. 그런데 그때마다 주님을 인격적으로 만났던 다메섹 도상으로 돌아가 첫사랑, 첫 믿음을 상기하며 십자가의 신앙으로 용해되어 다시 마음을 잡고 일어나 사명을 향해 끝까지 달려갔던 것이다. 오직 예수, 오직 은혜, 오직 십자가, 오직 믿음, 오직 성경으로 돌아가야 다시 회복의 역사를 일으킬 수 있다.

둘째, 영적 회복은 '성만찬의 은혜'를 체험하는 것이다.
성만찬은 은혜의 방편이며 성도 간의 화합과 하나 됨을 이루는 주님의 거룩한 예식이다. 예수님도 성만찬으로 십자가와 부활을 기념하셨고, 제자들과 하나 되셨다. 그 이후 성만찬은 초대교회 때부터 주님이 오실 때까지 구원의 증거와 사랑의 결합을 이루도록 하는 화합의 잔치였다. 지금도 여전히 성도는 성만찬을 통해 용서와 사랑을 회복하고, 은혜를 회복하고, 성령의 임재를 회복하고 있다.

사실 기독교 역사를 보면 성만찬의 능력은 놀랍고 신비롭고 위대했다. 왜냐하면 그 속에 성령의 임재와 능력이 함께했기 때문이다. 실제로 많은 교회들도 성만찬을 통해서 하나 되었다. 더불어 성도들도 성만찬을 통해 개인적인 용서와 치유와 회복을 경험했다. 이것은 지금도 그대로 나타나고 있다. 따라서 영적 갈등을 회복하는 중요한 기독교 예식은 성만찬을 함께 나누는 것이다. 그러기 위해 성도들은 성만찬을 은혜롭고 정성스럽게 잘 준비해야 하며, 성만찬을 나누는 동안에도 성령의 임재를 위해 간절히 기도해야 한다. 그러면 그 속에 분명히 용서와 화해와 사랑의 역사가 나타날 것이다.

셋째, 무엇보다 진정한 '예배를 회복'하는 것이다.
성도들의 영적 갈등과 영적 침체는 예배의 결핍에 있다. 예배가 무너졌기 때문에 시험이 오고 은혜도 떨어지고 능력도 상실되며 갈등과 분열이 발생하는 것이다. 목사도 4주만 예배를 안 드리면 하나님이 없다 하며 신앙이 무너진다고 하지 않는가? 예배는 성도들의 가장 중요한 행위이다. 예배의 성공은 인생의 성공이고, 예배의 실패는 인생의 실패이다. 예배는 내가 변화될 수 있는 최고의 기회이자 특권이기도 하다. 예배는 축복의 통로이다. 예배가 살고 역동적이면, 내 자아도 십자가에 내려놓을 수 있다. 예배에 은혜를 받으면 뭐든지 할 수 있는 힘을 받는다.

그러나 예배의 감격이 식고 형식적인 예배가 되면, 그때부터 무덤덤한 종교인이 된다. 살아 계신 하나님의 실존에 대한 확신이 줄어들고 세속적인 습관들의 공격을 받는다. 나도 모르게 자연스럽게 세상으로 나아가게 된다. 교회에서도 부정적인 사람이 되고, 시험이 오고 갈등이 오며, 점차 영적 침체에 빠지게 된다. 결국 성도들의 갈등과 시험 문제는 예배의 침체에서 오는 것을 알 수 있다. 따라서 영적 회복과 능력은 예배를 회복하면 자연히 해소된다. 그러므로 모든 성도는 예배에 승부를 걸어야 한다. 예배에 은혜를 받아야 한다. 예배가 살아야 성도도 살고, 가정도 살고, 교회도 살아난다. 참된 예배는 성도들의 영적 행복의 원천이고 축복의 저수지이다.

넷째, '거룩함과 화평함'을 회복하는 것이다.
성도들의 영적 침체와 갈등은 그 뒤에 숨겨진 이유를 보면 다 거룩함과 화평함이 무너져 있는 것을 발견한다. 진정한 화평함은 거룩함에 있다. 거룩하지 못한 화평함은 일시적이다. 부패하고 섞이게 된다. 세상적인 화평함이 된다. 영적 질서가 무너진다. 관계가 돈독해지지 않고, 이기적인 화평함으로 언제 깨어질지 모르는 불안함이 있다. 그래서 거룩함과 화평함은 같이 가는 것이다.

교회는 세상의 빛과 소금이다. 사회에 희망을 주는 무지개이다. 그것은 거룩함과 화평함의 영성을 보여주는 것이다. 교회가 이것을 지키지 아니하면 사회의 손가락질을 당한다. 세상 사람들에게 야단맞는다. 짓밟힘을 당할 때도 있다. 교회 안에서도 마찬가지이다. 성도들이 거룩함과 화평함을 좇지 않으면 죄를 짓게 된다. 신앙에 침체가 오고, 세상의 속된 문화를 받아들여 교회가 갈등과 분열을 일으키며 부패하게 된다. 따라서 교회와 성도는 스스로가 영적, 도덕적 기준을 높여야 한다. 사회적인 기준보다는 높아야 한다. 사회가 그것을 요구하기 때문이다. 교회 내에서도 영적, 도덕적 기준을 높여야 한다. 그래야 교회의 침체와 분열을 막을 수 있다. 기독교 역사 속에 교회가 무너진 근본적인 원인을 보면 다 거룩함의 상실임을 알 수 있다. 영적, 도덕적 상실로 교회가 나뉘고 성도들이 나뉘어 심각한 부패와 타락의 길을 걸어갔던 것이다.

오늘날도 마찬가지이다. 사회가 교회에 매력을 느끼지 못하는 것은 거룩함의 상실 때문이다. 예수는 좋은데 기독교는 싫다고 한다. 그만큼 교회와 성도들이 세상에 실망을 주었기 때문이다. 그러므로 영적 침체에서 벗어나는 길은 한편으로는 세상과 구별되는 복음의 진리를 사수하는 것이고, 다른 한편으로는 영적, 도덕적 거룩함을 회복하는 길이다. 이렇게 될 때 교회도 살고, 사회에도 놀라운 파장을 일으키며 희망을 주는 역사가 있게 될 것이다. 화평한 목사, 화평한 성도는 먼저 자신이 거룩한 순결을 아름답게 지켜나갈 때 놀라운 변화를 일으키는 것이다.

교회 갈등을 총체적으로 해결하는 방법(How-Solution Project?)

우리는 지금까지 교회 갈등의 구조적 문제와 영적인 문제를 다루었다. 또 이 부분에 대한 적절한 해결 방법도 공부했다. 그런데 문제가 구조적이든, 영적이든, 일단 교회에 문제가 생기면 공통적으로 해결해야 하는 성경적 방법이 있다는 것을 발견할 수 있다.

1) 먼저 수용하고 회개하라!(Acceptance & Repentance)

첫째, 그 문제가 나로부터 왔음을 고백하고 '**수용하고 회개**'하는 것이다. 교회에서 문제가 생긴 것은 남 탓이 아니라 바로 내가 잘못했기 때문이라고 생각해야 해결될 수 있다. 내가 거룩함과 화평함을 좇지 않은 것이고, 내가 죄를 범하였기 때문이고, 내가 무책임하고 이기적이었기 때문에 일어난 사건임을 인정하고 고백하고 수용할 때 갈등과 문제도 해결될 수 있다.

사람이 무슨 문제를 만나거나, 갈등이 생기거나, 위험한 일을 만날 때 다섯 가지 단계를 거친다고 한다. 처음엔 **부정**, 그다음에는 **분노**, 그다음에는 **타협**, 그다음에는 **우울**, 그다음 마지막은 **수용**이라고 한다. 바로 이것이다. 문제를 해결하기 위해서는 먼저 그 문제에 대한 수용이 이뤄질 때 해결될 수 있으며, 그 수용은 영적으로 회개를 통해서 나타나는 것이다. 나를 수용하고 나의 잘못을 받아들이고 회개할 때 참된 자아가 형성되고 새로운 자존감으로 거듭나게 되는 것이다.

2) 생각을 전환하라!(paradigm shift)

둘째는 **'생각을 전환'**하는 것이다. 모든 문제가 나로부터 온다는 것을 시인하고 고백하고 그다음부터는 생각을 바꾸는 것이다. 즉 참된 내 자아를 바르게 알고 거짓된 자아로부터 빠져나와 새로운 자화상과 성경적 자존감으로 전환해야 한다. 그것은 내 분수를 알고, 내 주제를 바르게 인식하고, 내가 잘하는 것과 잘 못하는 것을 구별하며 자족하는 비결을 배우는 것이다.

이제는 없는 것 갖고 불평하지 않고, 있는 것 갖고 감사하며, 쉬운 것, 가능한 것, 할 수 있는 것, 잘하는 것, 좋아하는 것, 내게 필요한 것 등을 깊이 생각하며 지금 여기서부터 천천히 변화를 시작하는 것이다. 사람은 단점을 보고 생활하면 단점투성이가 된다. 그러나 장점을 가지고 생활하면 장점투성이가 된다. 부정적인 마음으로 생활하면 매사에 부정적인 것 투성이가 되고, 긍정적인 마음으로 생활하면 매사에 긍정적인 것 투성이가 된다. 불평하면서 생활하면 불평투성이가 되고, 감사하며 생활하면 감사투성이가 된다. 사람은 생각하기 나름이라는 것이다.

그러므로 문제가 생겼을 때 먼저 나 자신을 수용하고 회개하고 고치기로 마음먹었으면 생각을 바꾸고 출발 선상에서부터 다시 시작해야 한다. 이제는 타인과 비교할 필요도 없고, 악인의 형통함을 부러워할 필요도 없고, 악인의 재앙을 기뻐할 필요도 없다. 나의 나 됨이 하나님의 은혜로 된 것임을 알아 생각 속에서 자족함을 누리며 감사하고, 장점 전환의 인식을 통해 새로운 목표를 정하고 앞만 보고 달려가는 것이다. 그러면 분명히 성장과 변화가 다가오는 역사가 있게 될 것이다.

3) 자기를 갱신하고 변화하라!(Renewal & Change)

셋째는 자기를 '**갱신하고 변화**'하는 것이다. 생각을 전환했으면 그것으로 끝나면 안 된다. 끊임없이 자신을 쳐 복종시키며 뼈를 깎는 아픔으로 고치고 바꾸고 수정하고 보완하며 새로운 갱신을 하며 달려가야 한다. 그렇지 않으면 절대로 변화도 없고 성장도 없으며, 결국 원점으로 다시 돌아가고 만다.

그러므로 갱신한다는 것은 도전한다는 것이다. Just do it! 즉시 시작하라! 생각하는 대로, 꿈꾸는 대로, 시인하는 대로, 믿음대로 될지어다(It will be done to you according to your faith). 변화는 나로부터 시작된다. 도전하지 않으면 변화도 없다. 실패한다 해도 도전해 보고, 부딪혀 보고, 경험해 봐야 그만큼 성장하는 것이다. 도전한 사람에게는 결코 실패가 없다. 목표에 도달하지 않았다 해도 실패한 만큼 올라간 것이기 때문에, 고지가 바로 저기인데 여기서 멈출 수는 없다. 점프하고 또 점프하면 때가 되어 반드시 목표를 성취하고 달성하며 성장하게 되는 것이다.

필자는 신학을 하고 정규 과정 학교만 18년을 공부했다. 그것은 학위를 따기 위함이 아니라 끊임없이 배우고 도전하고 성장하기 위함이었다. 세미나도 얼마나 부지런히 다녔는지 모른다. 책도 수백 권, 수천 권을 읽으며 성장을 위해 알까기를 했다. 설교 준비도 하루에 18시간을 도전하며 연구하고 새벽기도를 준비한 적도 있다. 교회 개척도 일산 변두리 뒷골목에서 시작했지만, 끊임없이 교회 형편과 상황에 맞게 얼마나 많은 도전과 변화를 추구했는지 모른다. 성도들에게 많은 비난과 조소를 받은 적도 있다. 그래도 필자는 계속 도전했고 실패했으며, 또 일어나 달려왔고, 시행착오를 겪으며 또 수정 보완하여 목회의 전문성을 갈고닦았다. 그렇게 20년쯤 목회를 하고 보니 뭔가 알 듯 말 듯 잡히는 것이 있었고, 이제는 내가 잘하는 것, 주님께 받은 사명을 무엇보다 귀한 줄 알고, 한길 외길을 달려가는 배짱을 갖게 되었다. 그만큼 성장한 것이다.

목회자는 끊임없이 갱신하고 변화되어야 살아남을 수 있다. 그래야 끝까지 승리할 수 있다. 안 된다고 주저앉으면 아무것도 할 수 없다. 예배도 안 모인다 해도 안 드리는 것보다는 드리는 것이 낫다. 직분자도 세울 사람이 없어도 안 세우는 것보다 세워서 일꾼으로 자라게 하는 것이 낫다. 행사도 안 된다고 안 하는 것보다 가능하면 하는 것이 낫다. 아무것도 안 하면 아무 일도 일어나지 않는다. 고이면 썩는다. 고기도 조용한 곳에는 없고 휘몰아치는 냇물에 많다고 한다. 뭔가 움직여야 변화와 성장이 일어난다. 따라서 목회자는 실망하거나 좌절하지 말고, 끊임없이 쇄신의 도전을 통해 변화와 성장을 일궈나가야 한다.

먼저 목회자는 **'전문성을 개발'**해야 한다. 목회자는 뭐니 뭐니 해도 '설교'를 잘해야 한다. 교회를 정하는 성도의 90%가 담임목사의 설교를 듣고 선택한다고 한다. 그만큼 교회 선택에 목회자의 설교가 중요한 부분을 차지한다는 것이다. 따라서 목회자는 끊임없이 설교의 전문가가 되도록 자기를 개발하고 실력을 향상시키는 데 심혈을 기울여야 한다.

설교의 대가이신 곽선희 목사님은 세 가지 중요성을 강조한다. 첫째로 설교는 '복음적'이어야 한다. 세상적이고 윤리적, 도덕적인 설교보다는 성경적, 복음적 설교가 은혜가 넘친다는 것이다. 둘째로 설교의 '테크니컬(technical)한 스킬'도 잘 갖춰야 한다. 마이크 사용법, 적절한 제스처, 고저장단의 음성, 의사전달의 정확성을 갖춰야 소통이 원활하게 이뤄질 수 있다. 셋째로 '현대문화에 맞는 설교'로 구성해야 한다. 언어도, 예화도, 적용도 현대 사회에 맞게 적용하며 들리는 설교, 감동적인 설교, 성도 눈높이에 맞는 성육신 설교를 하는 것이 좋다.

두 번째, 목회자는 **'영성 개발'**에 힘을 써야 한다. 목회자는 기도와 말씀으로 거룩해지는 것이다. 특히 기도 시간을 늘려야 한다. 기도하지 않는 목회자는 넘어진다. 쓰임 받지 못한다. 능력을 상실한다. 시험에 들고 사탄의 먹이가 된다. 그러나 기도하면 독수리 날개 쳐 올라가듯이 비상한다. 승리한다. 응답이 빨라진다. 손만 대도 치유가 일어난다. 역사와 기적이 나타난다. 찬송이 올라간다. 손대는 것마다, 밟는 땅마다 축복의 통로가 된다.

그러므로 목회자의 영성 개발은 기도이다. 기도의 능력을 키우는 것이다. 기도의 시간을 늘리는 것이다. 루터는 사명 감당을 위해 한 시간 기도하던 것을 늘려 두 시간 기도했다고 한다. 칼빈도 세 시간 이상 기도했다고 한다. 조용기 목사도 하루에 세 시간 기도했다고 하지 않는가? 그래서 요즈음 기도하는 사람들을 통해 '3시간 돌파기도'와 관련된 책과 운동이 일어나 한국교회를 뒤덮고 있다. 예수님께서도 졸던 베드로에게 "시험에 들지 않게 한 시간도 기도할 수 없더냐?" 하며 한 시간 기도의 기본을 말씀하시기도 했다. 매일 한 시간 기도가 영성 개발의 마지노선이라 할 수 있다.

그런데 오늘날 한국교회 목회자들이 기도하지 않는다는 통계가 있다. 실력도 좋고 설교도 잘하고 인성도 훌륭한데 정작 기도 시간은 매일 평균 30분을 넘지 않는다고 한다. 한국교회의 영성 수준이 낮아졌다. 새벽기도를 안 하는 교회도 점점 늘어나고 있다. 목회자들이 드러나고 보이는 실력에 집중하니 실력은 상향 평준화가 되었는데, 보이지 않는 기도 시간은 게을리해서 영성은 하향 평준화가 되어버렸다. 안타까운 현실이다. 한국교회 부흥의 원동력은 기도이다. 목회자 영성의 기본은 기도이다. 이제라도 기도의 중요성을 인식하고 영성 개발의 시간을 늘려 진정한 하나님의 사람으로 능력자가 될 수 있기를 기도한다.

셋째, 목회자는 **'건강관리'**에도 힘써야 한다. 목회자가 건강을 관리하지 않아서 꽃이 피다가 지는 경우가 얼마나 많은가? 40대에 아주 훌륭한 목사님들이 너무 열정적으로 목회를 했지만, 건강관리를 제대로 하지 않아 간암, 위암으로 돌아가시는 경우를 주변에서 많이 보았다. 따라서 목회자가 건강을 관리하지 않는 것은 하나님께 직무 유기하는 것이다.

어떤 목사님이 헌신예배 때 성도들에게 물었다. "목사님이 테니스를 치는 것이 주의 사역입니까, 아닙니까?" 그랬더니 성도들이 대부분 아니라고 대답했다. 그래서 목사님이 건강관리를 하지 않아 일찍 돌아가신 목사님들을 열거하며 "건강관리를 위해 테니스를 치는 것도 주의 사역입니다!" 하고 가르쳤다고 한다. 일리 있는 말이다. 우리는 주로 기도, 말씀에만 집중하는 것이 주의 사역의 기본이라고 생각한다. 그런데 건강을 잃어버리면 다 잃어버리는 것이다. 목사님이 건강을 잃고 돌아가셔서 그 교회는 순식간에 황폐하게 되고 침체되는 것을 본다. 목사님의 가정도 순식간에 쫓겨나고 방황하는 것을 본다. 그러므로 목회자들은 건강관리를 위해 한국의 3대 운동인 수영, 등산, 조깅 등을 체질에 맞게 잘 수용하고, 탁구나 테니스, 골프, 낚시 등도 경건생활에 무리가 가지 않는 범위 내에서 잘 개발해야 할 것이다.

4) 주기적 점검과 돌봄을 계속하라!(Checking & Caring)

넷째는 '**주기적인 점검과 돌봄**'을 하는 것이다. 문제가 터졌을 때 치유되었다고, 회복되었다고, 부흥되었다고 '이제는 됐다!' 하고 손 놓고 있으면 그 문제는 언제 어떻게 또 돌출될지 모른다. 그러므로 갈등과 침체를 극복하는 마지막 방법은 주기적으로 점검과 돌봄의 작업을 계속해 나가는 것이다. 그것이 없으면 또 터지고 멍들고 싸우고 갈등하고 분열하게 된다.

그래서 교회는 주기적으로 제직 훈련을 해야 한다. 주기적으로 헌신예배를 드려야 한다. 주기적으로 특별새벽기도를 해야 한다. 주기적으로 심방을 해야 한다. 주기적으로 공동체 훈련 및 교제 훈련을 해야 한다. 주기적으로 야외 예배, 운동회, 단합대회, 친목 식사 모임 등 fellowship 운동을 해야 한다. 주기적으로 셀 예배를 드리고, 주기적으로 그들의 영성을 점검해야 한다. 만약 주기적으로 점검하고 돌보지 않으면 또 언제, 어떻게 문제가 터질지 모른다. 또 터지고 멍들고 싸우고 갈등하고 분열하게 된다.

또한 목회자 자신도 주기적으로 셀프 점검과 돌봄의 훈련을 해야 한다. 주기적으로 각성하지 않으면 언제 무너질지 모른다. 사도 바울도 주기적으로 자기를 쳐 복종시킨다고 하지 않았는가? 예수님도 주기적으로 기도하셨고 가르치셨고 전도하셨다. 그러므로 목회자 자신도 주기적으로 사명감을 점검해 보아야 한다. 주기적으로 목표와 비전을 점검하고, 그 과정을 꼼꼼히 따져보아야 한다. 주기적으로 워크숍을 통해 사역의 장단점을 확인해 보아야 한다. 주기적으로 진행 과정을 점검하며, 그 성장의 스토리를 기록해 놓아야 한다. 그래야 계속되는 부흥과 화합과 치유와 변화를 이뤄나가게 될 것이다.

Chapter 3
미래교회 부흥의 실제 프로젝트

내가 네게 명령한 것이 아니냐
강하고 담대하라 두려워하지 말며 놀라지 말라
네가 어디로 가든지 네 하나님 여호와가
너와 함께하느니라 하시니라

여호수아 1:9

교회 부흥은 불황의 문제가 아니라 '경쟁력의 문제'이다.
경쟁력만 있다면 호황이든 불황이든 오는 성도는 항상 차고 넘칠 것이다.
또한 조직을 열심히 잘 이끌어가는 데 성과가 나타나지 않는다면 그것은
'방법의 문제'일 것이다. 기존의 방법을 혁신하고 개선해야 하는 것이다.
오늘 그 해법을 이 장에서 찾아갈 수 있기를 바란다.

더욱이 여기 나온 교회 부흥의 실제적인 대안을 따라가면 성도 숫자가 10배로 넘칠 것이다. 교회 재정은 3배로 뛰어오를 것이다. 침체된 교회는 100% 초대박의 부흥 실적을 올릴 것이다. 부진한 교회는 성공적인 교회로 탈바꿈하게 될 것이다. 코로나와 같은 불경기가 와도 타개하며 더욱 성장하는 교회가 될 것이다. 경쟁교회가 들어와도 최적의 대응을 하며 더 성장하는 교회로 변화 성장하게 될 것이다.

01. 예배 부흥의 프로젝트

지금 지속 가능한 미래 한국교회 부흥 전략은 무엇일까? 현재 한국교회가 이대로 쇠퇴기로 들어가면 앞으로 30년 이내에 이단과 무신론 나라가 된다고 한다. 과연 미래 한국교회의 부흥을 위한 재도약의 길은 없는가? 한국교회에 더 이상 희망은 없는가? 먼저 한국교회 재도약을 위한 거룩한 전략 첫 번째로 예배 부흥에 대해 살펴보기로 한다.

예배가 살아야 교회가 산다!

교회는 예배공동체이다. 교회는 예배하기 위해 존재하는 것이다. 예배가 무너진 교회는 죽은 공동체이다. 교회의 정체성은 바로 예배에 있다. 이것은 큰 교회든 작은 교회든 상관없다. 교회라고 하면 무조건 예배공동체로 모이는 것이다. 성도들이 교회에서 모여 예배할 때 하나님이 영광을 받으시며 복에 복을 더하는 축복이 있다. 예배는 능력이다. 예배는 치유이다. 예배는 변화이다. 예배가 해답이다. 그래서 성도들에게 예배의 성공은 인생의 성공이 되고, 예배의 실패는 인생의 실패가 된다. 성도들이 예배 한 번 잘 드림으로 인생이 성공하기도 하고, 실패하기도 한다. 그만큼 예배는 신앙생활에 있어서 가장 중요한 행위가 되는 것이다.

교회 부흥도 마찬가지이다. 교회 부흥의 1순위는 예배 부흥이다. 예배가 부흥되면 자연히 교회도 부흥된다. 교회의 예배가 침윤에 빠지면 되면, 자연히 교회도 침체의 길로 들어선다. 예배는 교회 부흥의 척도이다. 그러므로 예배가 살아야 교회 공동체도 산다. 예배가 살아야 성도도 살고, 목회자도 산다. 예배가 살아야 교회학교도 살고, 장년부도 산다. 예배가 살아야 교회 전체 영적 분위기가 산다. 예배는 모든 교회 조직의 기본이다. 그 교회가 부흥할지 말지를 아는 척도는 딱 한 가지, 예배의 상태를 보면 알 수 있다. 예배의 분위기를 보면 안다. 예배의 태도를 보면 금방 알 수 있다. 왜냐하면 예배는 그 교회의 영적 상태이자 성도의 영적 상태의 기본이기 때문이다.

예배의 본질을 살려라!

예배가 살기 위해서는 어떻게 해야 하는가? 예배의 형식만 갖추면 되는가? 아니다. 예배는 형식이 중요한 것이 아니라 내용이 중요하다. 예배의 본질을 잘 지켜야 예배도 살고 교회도 살고 성도도 살아난다. 그러면 예배의 본질이 무엇인가? 은혜로운 예배는 어떤 모습인가? 영감 있는 예배는 어떤 모습인가?

첫째, 예배의 본질은 '하나님께 영광'을 돌리는 것이다.

이것이 제일 중요하다. 오늘날 예배가 인간의 만족으로 내려왔다. 인간의 행복 중심이 되었다. 즉 인간 유익의 도구가 되었다. 예배의 본질은 축복도 만족도 행복도 아니다. 오직 하나님께 영광이다. 마음과 뜻과 목숨을 다하여 주 너의 하나님께 예배하는 것이다. 이것이 선행되어야 은혜가 떨어지지 않는다. 먹든지 마시든지 무엇을 하든지 하나님의 영광을 위하여 하는 것이 성도 삶의 본질이다. 예배도 그렇다. 예배의 모든 초점도 하나님께 영광 돌리는 것이 되어야 한다.

그렇다고 **'하나님 영광, 나 안 행복'**이면 그 예배는 온전한 예배가 아니다. 이것은 억지로 십자가를 지는 것이고, 억지로 예배를 드리는 것이다. 결코 바람직한 예배의 형태가 아니다. 반면에 **'하나님 안 영광, 나 행복'**이면 이 예배는 내 만족을 위해 드리는 것이다. 인본주의적인 예배이다. 그 예배의 초점은 내가 된다. 내가 은혜받으면 좋은 것이고, 내가 만족하면 예배가 좋은 것이다. 내가 생각하는 예배의 기준에 맞지 않으면 별로 행복하지 않다. 인상이 찌푸려진다. 예배가 거슬린다. 이것도 실패한 예배의 형태이다.

또한 **'하나님 안 영광, 나도 안 행복'**한 예배의 모습도 있다. 이것은 예배당에 끌려와서 시간을 때우는 예배이다. 영광도 없고 행복도 없다. 그냥 시간만 가기를 원한다. 절대 바람직한 예배가 아니다.

그러나 이렇게 남편에게, 아내에게, 엄마에게 끌려와 예배를 드리다가 어느 순간 성령이 역사해 은혜를 충만히 받는 경우도 있다. 그러므로 예배는 참석하지 않는 것보다 참석하는 것이 좋다. 억지로라도 드려야 언제 부딪힐지 모르는 임재를 경험할 수 있다.

마지막으로 '**하나님 영광, 나 행복의 예배**'가 가장 바람직한 예배의 모습이며 태도이다. 하나님을 기쁘시게 하는 예배로 나도 행복의 가치를 창조하며 기쁘고 즐겁게 예배드리는 것이다. 이때 놀라운 변화와 축복과 은혜의 역사가 나타나는 것이다.

둘째, 예배의 본질은 '신령과 진정으로' 예배드리는 것이다.

이것은 영(the spirit)과 진리(the truth)로 예배드리라는 의미이다. 영과 진리로 예배드리라는 것은 성령 충만한 예배, 진리 되신 예수 그리스도 안에서 드리는 예배가 되어야 한다는 것이다. 이것은 한마디로 성령의 임재와 능력과 목적이 실현되는 예배이다. 무엇보다 성령의 임재 예배를 드려야 영과 진리로 드리는 예배를 실현할 수 있다. 21세기 영성의 화두는 임재이다. 임재 예배, 임재 기도, 임재 찬양, 임재 전도, 임재 설교가 될 때 강력한 역사가 나타난다. 특별히 예배 본질의 핵심은 임재 예배를 드리는 것이다. 그래야 하나님께 영광이요, 능력과 목적과 변화도 실현될 수 있다. 왜냐하면 임재 없는 예배는 한낱 허상에 불과하기 때문이다.

성경에도 보면 요셉이 성령과 함께함으로써 범사가 형통했고, 나라를 구하는 지혜를 얻었으며, 바로도 "이와 같이 하나님의 영에 감동된 사람을 우리가 어찌 찾을 수 있으리요?" 하면서 요셉에게 국무

총리 자리를 주었다. 다윗도 성령의 감동으로 춤추며 예배했고, 골리앗을 이기는 승리의 역사를 경험했다. 삼손도 하나님의 영에 감동되어 블레셋 군사 1천 명을 나귀 뼈로 물리쳤고, 위기의 순간마다 괴력을 발휘할 수 있었다. 솔로몬도 하나님의 영으로 감동된 예배를 드림으로 지혜를 얻었고, 다니엘도 성령의 임재로 인재 학교에서 수석을 했고, 사자의 입에서도 구원받을 수 있었다. 모세도 성령의 임재로 홍해를 갈랐고, 아말렉과의 전쟁에서도 승리할 수 있었다. 기드온의 300명 용사도 성령의 임재로 미디안의 20만 명이 넘는 군사들을 오합지졸로 삼아 대승할 수 있었다. 이 모든 것이 성령의 임재의 결과물이었다.

어떻게 예배 부흥을 주도할 것인가?(How-Worship Project?)

현대에는 예배의 형식도 다양하게 변화되고 있다. 예를 들어, 아이들에게는 어른 예배의 형태를 강요하면 안 된다. 어린이들은 놀이 문화를 통해 학습하는 시기이다. 그런데 어른 방식의 주입식 예배만 강조하면 부작용을 낳고, 믿음도 성장하지 않는다. 청소년 예배도 마찬가지이다. 거기에 맞는 '맞춤형 예배'를 드림으로 영적인 마음이 열리도록 해야 한다.

또한 그 교회의 토양에 맞는 적절한 '임재 예배'를 드려야 특성화가 되며, 그 예배로 몰려들게 될 것이다. 대형 교회 예배가 좋다고 다 따라갈 필요도 없다. 우리 교회는 우리 교회에 맞는 영적 수준이 있고, 영적 분위기와 형태가 다르기 때문이다. 그것을 빨리 캐치해서 '토양에 맞는 예배'를 정착시켜야 부흥할 수 있다.

어떤 교회는 **'전원교회의 예배 스타일'**을 추구한다. 도회지에서 지치고 힘든 영혼들이 전원적인 교회에 와서 편안한 예배 스타일로 참된 쉼과 안식을 얻는 구조이다. 이런 교회는 예배의 형식에 구애받지 않는다. 자유롭게 찬양하고 기도하고 말씀을 듣는다. 예배 후에는 자연탐방, 운동, 휴식, 또는 각종 문화행사 등을 하며 성도 간의 교제를 돈독히 하고, 치유적인 측면의 교회 활동을 한다. 현대에는 이런 예배 스타일이 정서적으로 맞고 부흥하는 교회도 많다.

또 어떤 교회는 **'부흥회적인 예배 스타일'**을 추구한다. 불같은 성령의 역사를 기대하고 예배 안에 기도가 뜨겁다. 찬양도 빠른 스타일로 박수하며 부른다. 아멘도 즉각적이고 우렁차다. 주일 오전 예배에도 통성기도가 있다. 역동적인 찬양이 넘치고 능력 있는 말씀 선포와 치유기도가 있다. 치유기도 때는 가슴에 손을 얹고 모두가 아멘으로 화답하며 능력을 경험한다. 오늘날 여전히 대형 교회에서도 이런 부흥회적인 예배 스타일을 통해 치유와 권능과 변화를 체험하고 있다.

또 어떤 교회는 **'경건한 전통적 예배 스타일'**을 추구한다. 이 예배는 분위기가 온화하고 경건하며 편안하다. 아이들도 이런 예배에 오면 이상하게 깊은 경건을 느끼며 조용해진다. 찬송도 고전적이고, 성가대도 전통적이다. 말씀도 깊이 있게 강해하고 속으로만 아멘 한다. 이런 예배도 현대에서 각광받고 있다. 너무 빠르고 시끌벅적한 세상 문화에 반하여 내면의 깊이를 채워주는 편안함이 있다. 주로 지성적 갈구를 원하는 신자들이 좋아하는 예배 스타일이다.

또 어떤 교회는 **'찬양 중심의 예배 스타일'**을 추구한다. 요즈음에 많은 교회들이 이런 찬양 중심의 예배를 드리고 있다. 특별히 청년들과 젊은 세대가 있는 교회는 더욱더 그렇다. 찬양은 성령이 역사하시는 강력한 도구이다. 마음의 문을 열게 하고 성령의 충만함을 받게 한다. 찬양 중심의 교회를 보면 전반부는 주로 찬양으로 깊은 은혜를 체험하고, 후반부는 기도와 말씀으로 마무리한다. 예배 형식이 순조롭고 단순하다. 현대인의 정서에는 이런 단순하면서도 은혜로운 예배 스타일이 맞아 교회 부흥에 큰 역할을 담당하고 있다.

더욱이 현대 교인들은 예배의 형식이 **빠른 속도(tempo)의 찬양**을 좋아한다. 젊은층이 많은 교회에서는 더더욱 그렇다. 반면에 노인층이 많은 교회에서는 다소 느린 속도의 찬양 예배가 안정적일 수 있다. 그럼에도 어떤 계층의 교회든지 간에 통계적으로 보면 빠른 속도(tempo)의 찬양을 하는 예배가 역동적이고, 부흥하는 교회의 모습을 나타낸다.

또한 현대교회의 **예배 시간도 짧고 굵은 것**이 추세이다. 사회의 모든 모임도 길게 늘어지는 것 자체를 싫어한다. 교회 예배도 마찬가지이다. 목사님 설교는 25~30분 이내, 예배는 1시간 이내에 끝내는 것을 좋아한다. 현대인들은 볼거리도 없고 내용도 없이 길게 늘어지면 시간 낭비라고 생각하며 손해를 본다고 간주한다. 교회에서야 그런 일은 없겠지만 마음 문을 조금씩 닫는다. 그래서 예배도 좋은 콘텐츠(내용) 예배를 기획해야 한다. 설교도 내용이 좋아야 한다. 만약 내용이 없으면 재미라도 있어야 한다. 이것도 저것도 아니면 무조건 짧아야 한다.

또한 예배순서의 대표 기도는 3분을 넘으면 안 된다. 주로 장로님들이나 안수집사님들이 기도 인도를 할 때 창세기부터 계시록까지 내용을 훑어 내려가는 경우가 있다. 어떤 경우는 개인 기도를 하듯이 개인 한 사람 한 사람의 이름을 불러가며 기도할 때도 있다. 또 어떤 경우는 교회 행사 하나하나를 다 짚어가며 기도한다. 마지막에는 "아직 다 고하지 못한 것도 이뤄주시옵소서" 하고 기도한다. 이러면 안 된다. 이런 기도는 다 개인 기도 할 때 하고, 대표 기도는 간단하면서도 전체를 아우르는 기도를 드려야 좋은 양식이 된다.

찬양 인도도 요즈음에는 **찬송가와 복음송을 섞어서 하는 경향**이 강하다. 옛날에는 복음송만 하는 교회, 또는 찬송가만 하는 교회로 나뉘었는데 요즘에는 달라졌다. 계층의 다양함이 있어 서로 조화를 이루며 찬양하는 모습이 도드라지고 있다. **클래식과 모던의 찬양 조화**가 공감과 환상적인 은혜를 창조하기 때문이다. 그래서 찬양 인도는 무엇보다 곡 선택이 중요하다. 평신도들의 수준을 꼭 생각하고, 거기에 맞는 영성의 찬양이 예배를 더욱 은혜롭고 감동적인 분위기로 나아가게 하는 것이다.

결론적으로 21세기 미래교회의 예배 부흥 화두는 두 가지, **'맞춤**

형 예배'와 '임재 예배'이다. 더욱이 예배 부흥을 위해 어떤 예배 형식을 취한다 해도 그것은 무조건 하나님의 임재가 있는 예배여야 한다. 예배의 형태는 다양할 수 있으나 그 속에 하나님의 임재가 없다면 그 예배는 실패한 예배이다. 이것이 예배 부흥의 가장 중요한 본질이다. 다시 말해, 예배 스타일은 다를 수 있지만 중요한 것은 그 스타일의 예배를 통해 내가 변할 수 있는 성령의 임재와 능력이 함께할 때 비로소 부흥의 역사를 이루게 된다는 것이다. 또 한 가지는 교회의 토양에 맞는 성령 충만한 색깔, 토양에 맞는 찬양의 색깔, 토양에 맞는 설교, 토양에 맞는 예배 스타일이 잘 정착될 때 그 예배는 폭발적이고 능력 있는 예배의 부흥을 일으킬 수 있을 것이다.

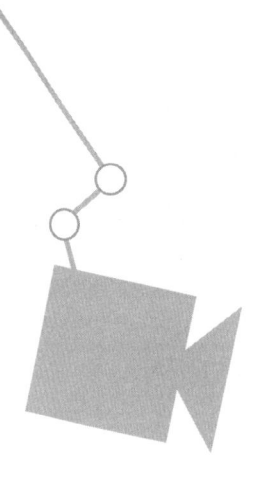

02.
설교 부흥의 프로젝트

설교가 살아야 교회가 부흥한다!

한국교회 등록 통계를 보면 목사님 설교를 듣고 등록한다는 새신자들이 90%가 되었다고 한다. 그만큼 목사님의 설교가 교회 부흥에 절대적인 비중을 차지한다는 것을 알 수 있다. 그러므로 목회자는 설교에 목숨을 걸어야 한다. 설교의 성공이 교회 부흥의 성공이고, 설교의 실패가 교회 부흥의 실패이기 때문이다. 또한 무엇보다도 피로 값 주고 사신 교회를 부흥시키는 것이 부름을 받은 목회자의 제1사명, 최고의 사명이기 때문이다.

일단 목회자가 설교할 때 설교의 한계는 자신의 신학적 교리이다. 신학교에서 배운 신학적 교리를 설교하지 않을 수 없기 때문이다. 이것은 어쩔 수 없다. 설교는 신학적 교리를 담지 않을 수 없다. 그래서 여기에서 설교 잘하는 비결을 이야기할 때 신학적 교리의 우열이 아니라 말씀 전달력에 대해서만 말하고자 한다. 어떻게 하면 말씀을 효과적으로 기능적으로 잘 전달하여 성도들이 변화와 성장을 이루며 교회 부흥의 전환점을 가져올 수 있는지에 대해 말해보겠다.

어떻게 하면 설교를 잘할 수 있을까?(How-Preaching Project?)

첫째, 설교는 '단순하고 편안하게' 해야 한다.
설교자가 불편하게 설교하면 청중들도 불편하다. 설교자가 복잡하고 어렵게 설교하면 청중들도 벌써 안다. '아~ 오늘 설교는 어렵구나!' 한다. 설교자가 화가 나서 불같이 설교하면 청중들은 압도되어 두려운 마음으로 긴장한다. 이렇게 청중들은 설교자의 공개적인 입장과 태도와 관점의 기준(stance)에 따라 움직인다. 그러므로 설교자가 힘을 빼고 긴장을 풀고 쉽고 편안하게 설교해야 성도들도 편안하게 들을 수 있다. 만약 설교자가 이것저것 복잡하게 설교하면 성도들도 적용하기가 어렵다. 여러 해법을 이야기해도 막상 듣고 나갈 때는 무슨 이야기를 들었는지 모른다고 한다. **원 포인트 설교**가 좋다. 너무 많은 이야기보다 1~2개 정도 편안하게 들을 수 있는 설교라면 오히려 성도들이 적용하기가 쉽고, 기억하기도 좋다. 그러므로 감동적인 이야기 1~2개만 찍고, 단순하고 편안하게 설교하면 성도들도 편안하게 듣고 좋아할 것이다.

둘째, 설교자는 '내용의 퀄리티(quality)'를 높여야 한다.
설교를 편안하게 한다고 들을 것이 없는, 다 아는 것을 이야기하면 청중들은 벌써 눈을 돌리고 귀를 닫을 것이다. 깊이 있고, 신선하고, 들리는 설교를 해야 한다. 즉 들리는 설교는 설교 내용의 질(quality)을 높이는 것이다. 예를 들어, 들리는 설교를 하려면 깊은 본문 분석, 감동적인 이야기, 적절한 적용의 대안을 제시해 주어야 한다. 내용이 없는 설교는 지루해서 금방 졸게 할 것이다.

설교 시간에 조는 것은 성도에게 문제가 있는 것이 아니라 설교자의 문제이다. 그러므로 설교자는 독특한 방식, 독특한 전개, 처음 듣는 예화, 새로운 적용, 예상을 깨는 스타일 등으로 성도들의 눈과 귀를 잡아야 한다. 그러기 위해서는 피나는 연구와 노력과 경험을 해야 한다. 연구하라! 노력하라! 도전하라! 대충하지 말라! 좋은 경험을 많이 쌓아라! 실력은 하루아침에 만들어지는 것이 아니다.

셋째, 설교자는 '설교의 기술(Technic)'을 높여야 한다.

설교자가 설교 기술만 높여도 청중의 집중도를 올릴 수 있다. 예를 들어, 마이크를 자유자재로 사용하는 방법, 설교의 흐름에 따라 고저장단을 기술적으로 이용하는 방법, 눈물과 웃음의 기회를 놓치지 않고 잘 활용할 수 있는 공감 능력, 설교 중 찬양의 시간을 적절히 맞춰 은혜의 타이밍을 잘 끼워 넣을 수 있는 찬양의 기술 등, 설교할 때 조금의 기술적 차이만 훈련하고 습득해도 성도들의 마음을 울렸다 웃겼다 하며 금방 그들을 은혜의 도가니에 들어가게 하는 것이다.

더욱이 설교할 때 말하는 **'논리적 방식의 기술'**만 익혀도 훌륭한 설교를 할 수 있다. 처음부터 중구난방 횡설수설, 논리가 없으면 집중도가 떨어진다. 그래서 설교는 서론, 본론, 결론이 준비된 방식이 좋다. 영국 강해설교의 대가인 마틴 로이드 존스 목사님은 '불붙는 논리의 설교'를 주창했다. 논리가 있되 불붙는 것처럼 강렬한 동기유발의 설교가 되어야 한다는 것이다.

설교 방식의 기술을 생각하면 **'고진감래의 방식'**으로 하는 것이 좋다. 쓴 것이 다하면 단것이 온다는 뜻이다. 처음에는 고난을 이야기하고 나중에 승리를 이야기하면 감동이 된다. 처음에는 온갖 장애와 역경을 이야기하고 나중에 그것을 뚫고 승리한 경험을 이야기하면 성도들도 '나도 그렇게 될 것이다!'라고 생각하며 감동을 받는다.

그래서 설교할 때는 실패했던 것, 고난받았던 것, 넘어졌던 것, 아팠던 것 등을 이야기하고 그것을 믿음으로 승리한 경험을 나누면 감동과 감화가 일어나는 것이다. 성경 이야기도 모두 고진감래의 방식이다.

또한 설교 방식의 기술을 생각할 때 **'상처와 치유의 방식'**도 좋다. 세상에 문제 없는 사람이 없다. 고난 없는 사람도 없다. 다 문제가 있고 상처가 있고 아픔이 내재되어 있다. 이것을 들추어내어 그 아픔과 상처가 나만 있는 것이 아니라 저분에게도 있고 이분에게도 있으며, 성경의 인물도 그런 상처가 있는데 주님으로부터 치유받고, 말씀으로 새롭게 되며, 성령으로 거듭나 믿음으로 새사람 되는 이야기는 성도들이 가장 공감하며 은혜받을 수 있는 설교 방식이다. 그래서 질병의 치유, 관계의 치유, 상처의 치유, 문제의 치유, 실패의 치유, 인격의 치유 등을 설교하면 감동과 감화가 있는 것이다.

또한 설교 방식의 기술을 생각할 때 **'인내와 성장의 방식'**도 좋다. 이것은 성장의 과정을 다 말하는 것이다. 변화되는 과정을 소상히 이야기하는 것이다. 비록 목표에 도달하지 않았다 해도, 실패하고 넘어졌다 해도, 다시 일어나 또 도전하고 또 인내하며 조금씩 성장해 나가는 과정을 말하면 낙심하고 포기하고자 했던 현대인의 마음에 경종을 울리며 희망을 바라보게 하는 동기가 되기 때문에, 인내와 성장의 설교 방식도 실의에 빠진 사람에게는 분명히 자극제가 될 수 있을 것이다. 이렇게 설교자가 긍정적, 희망적 설교 방식을 채택하면 나도 성장과 변화를 이룰 것이라는 생각을 하는 것이다.

마지막으로 설교 방식의 기술을 생각할 때 **'거룩함과 감사함의 설교 방식'**도 좋다. 기독교의 신앙 목표는 '축복과 번영'이 아니라 '거룩함과 감사함'이다. 초막이나 궁궐이나 주님 모신 곳이 천국이다. 무화과나무 잎이 마르고 포도나무에 열매가 없어도 난 여호와로 인하여 기뻐하는 것이다. 성경을 보면 거룩함은 성도의 기복보다 훨씬 앞서는 테마(theme) 즉 주제이다. 거룩함과 감사함은 신앙의 최고봉이다. 그러므로 오늘날같이 물질화되어 있고 세속적인 욕심이 팽배한 현실에 거룩함과 감사함은 신앙적 순수함을 찾는 오아시스와 같은 해갈의 말씀이다. 또한 그것을 통해 더 큰 축복과 은혜를 받는 현실적 통로가 되는 것이다.

그러므로 설교자는 거룩함과 감사함의 설교를 빈번히 함으로써 성화와 성숙, 성장과 축복의 두 마리 토끼를 다 잡는 비결을 터득해야 할 것이다. 결론적으로 신앙의 참된 행복과 기쁨은 물질적인 성취에 있는 것이 아니라 하나님 임재의 거룩함과 감사함에 있다는 것을 깨달아야 할 것이다.

넷째, 설교자는 설교 작성을 잘하는 '배열법'을 익혀야 한다.
설교는 그냥 하면 되는 것이 아니다. 잘못하면 영혼이 병들고 죽는다. 설교 한 편을 통해 사람을 죽이기도 하고 살리기도 한다. 따라서 설교 작성을 잘해야 한다. 다시 말해, 설교 작성을 잘하는 배열법을 알아야 한다. 배워야 한다. 익히고 기술도 더 개발시켜야 한다. 그래야 좋은 설교가 나오는 것이다.

먼저 설교 작성을 잘하려면 **'성경을 보는 눈'**을 열어야 한다. 영적 안목을 길러야 한다. 성경은 하나님의 말씀이고 하나님의 뜻이다. 그러므로 인본주의적인 성경해석이 아니라 신본주의적인 성경해석이 필요하다. 자신 중심의 성경 안경을 끼지 말고 하나님 편에서 생각하고 연구하는 영적 눈을 길러야 한다. 하나님의 약속, 하나님의 꿈, 하나님의 비전, 하나님의 성품을 배우는 시간이 되어야 한다.

더욱이 설교는 **'설교를 잘하는 배열법'**을 배워야 한다. 만약 설교를 잘하는 배열법을 익히지 않으면 설교가 삼천포로 빠질 수 있다. 문맥의 흐름이 감정 따라, 상황의 분위기 따라 달라질 수 있다. 설교를 하면서도 혼란이 올 수 있다. 그러나 설교의 배열을 잘 구축한 설교는 목적대로 간다. 목표한 대로 움직인다. 일관성이 있다. 약간 비껴가도 다시 돌아올 수 있다. 설교 배열법을 잘 훈련했기 때문이다.

물론 설교를 잘하는 배열법은 여러 가지가 있지만 여기서는 '퀸

틸리아누스의 5단계 배열법'과 '상담적 접근의 5단계 배열법'을 추천하고자 한다. 5단계 배열법은 주로 '원 포인트 설교'를 내포하고 있으며, 현대 부흥하는 교회의 공통된 설교 스타일이다.

첫 번째 배열 단계는 **'서론 부분'**이다.

서론이 가장 중요한 설교 기술이다. 서론을 통해 청중들이 주목하기도 하고 한눈을 팔기도 한다. 어떤 분은 30초 내 또는 어떤 분은 3분 이내에 청중을 사로잡지 못하면 그 설교는 실패한 것이라고 말한다. 주로 서론 부분에는 설교의 도입부로서 설교 주제의 **문제 제기와 본문의 동기유발 자극**이 들어간다.

이러한 단계를 위해 먼저 반대 질문을 통한 문제 제기라든지, 예화를 사용한다든지, 유머를 사용한다든지, 축복과 칭찬의 말을 활용한다든지, 아니면 긴장 관계를 형성하는 도전을 주는 말을 한다든지 하며 주로 관심과 주목을 끄는 대목으로 시작하는 것이다. 이것을 상담적 배열에서는 '아이스 브레이킹'(ice breaking)이나 '친밀감'(rapport) 형성의 단계라고 말하고, 그다음에 정식 코스인 '주제를 정하는 단계'(깔때기 법칙)로 올라간다고 말한다. 따라서 서론 부분은 주로 마음을 열고 그 주제에 대한 설교의 도입부를 선정하는 단계라 할 수 있다.

두 번째는 **'본문의 단계'**이다.

이때는 본문의 내용을 심도 있게 분석하고 본문에 맞는 성경 구절과 예화도 나누며 **본문 주제의 설명과 실행계획**을 구체적으로 발전시켜 나가는 것이다. 상담적으로는 본문에 대한 '목표 수립과 달성 지수'를 점검하고, 본문 내용에 대한 어떤 유익과 변화가 있는지를 살펴보는 시간이기도 하다. 더욱이 이때 본문에 맞는 감동적인 생활 예화도 첨부하고, 명언이나 격언도 함께 강조하면 더욱더 본문 주제를 어필하는 계기가 될 것이다. 또한 본문의 내용을 잘 지킬 때 어떤 축복과 성장과 변화가 있음을 명확히 이야기할 수 있어야 한다. 그 본문의 주제 내용을 나도 지켰을 때 성화와 성숙, 축복과 성장을 가져올 수 있다는 희망을 찾게 해야 한다. 그 본문의 목표를 달성했을 때 나의 삶이 달라지고 변화되며 가치와 유익을 얻을 수 있는 확신을 갖게 해야 한다. 이것이 본문의 역할이다.

세 번째는 **'반론의 단계'**이다.

본문을 달성하는 것이 만만치 않다는 것이다. 그래서 본문을 달성하기 위해 무슨 문제가 있고, 넘어야 할 '장애와 고난과 역경과 어려움'은 무엇인지를 탐구하는 것이다. 그 본문의 주제를 달성하기 위해 무엇을 버려야 하고, 뼈를 깎는 노력을 어떻게 해야 하는지 **구체적인 고난 극복 계획**을 세우는 것이다. 어떤 것이든 쭉쭉 뻗어 나가는 일은 하나도 없다. 아무리 작은 일이라도 다 장애가 있다. 작은 산은 작은 장애가 있고, 큰 산은 큰 장애가 있는 것이다. 그러므로 반론의 단계를 고민하지 않으면 성공할 수 없다. 성장과 변화를 이룰 수 없다. 성숙과 성화를 이룰 수도 없다. 반드시 장애를 딛고 일어서는 실행계획이 있어야 한다.

그래서 그 장애를 극복하기 위해 1~3개 정도의 자원과 대안을 제시할 수 있어야 한다. 이때는 성격의 결핍, 사랑의 결핍, 관계의 결핍, 물질의 결핍, 회개의 결핍, 화목함의 결핍, 인내의 결핍, 분노 문제, 교만 문제, 시기 질투의 문제, 게으름의 문제, 부주의의 문제 등을 다루며 '장애 극복의 방법'을 제시할 수 있어야 한다. 반론의 단계를 잘 다루면 시원한 해답을 얻게 되며, 더 희망적인 생각을 갖게 되는 것이다.

네 번째는 **'논증의 단계'**이다.
이것은 반론을 뛰어넘고 본문을 성취한 것에 대한 '예증의 단계'이다. 한 번 더 본문의 주제를 명확히 예증하는 단계이다. 목표 수립과 달성 만족도를 점검하는 것이다. 이때는 주로 성도들 축복 간증, 성공의 간증, 감동의 간증, 진급의 간증, 합격의 간증, 거룩함의 간증, 성숙함의 간증, 인내의 간증, 승리의 간증 등 기도와 말씀과 믿음으로 **고난과 장애를 극복한 간증**을 감동적으로 이야기함으로써 그 본문의 주제를 더욱 확신하게 하는 논증의 시간을 갖는다.

마지막 다섯 번째는 **'결론의 단계'**이다.
이때는 설교를 **정리하고 요약**하는 단계이다. 다시 한번 서론의 주제를 강조하기도 하고, 축복을 선포하기도 하며, 회개와 결단을 촉구하는 언어를 사용하기도 한다. 이때도 질문의 방법을 사용한다든지, 감성적인 웅변적 기술을 활용한다든지, 아니면 짧고 굵게 도전적인 말로 마무리한다든지, 마지막은 항상 설교자의 "축원합니다!"로, 마치는 것이 설교의 이상적인 모습일 것이다.

03. 기도 부흥의 프로젝트

기도하는 교회, 망하지 않는다!

기도하는 교회, 기도하는 가정은 망하지 않는다. 하나님이 지키고 보호하신다. 합력하여 선을 이루며, 시작은 미약하나 나중은 창대하게 된다. 불기둥과 구름 기둥으로 인도하시고, 이른 비와 늦은 비를 적절히 주시며, 시온의 대로로 예비하신다. 기도하면 막혔던 것이 열리고, 하늘의 문을 열어 축복의 단비를 내려주신다. 기도하면 영혼이 잘됨같이 범사가 잘되고 강건한 축복을 받는다. 기도하면 독수리 날개 쳐 올라감같이 비상하는 힘을 주신다. 기도하면 뒤에서 밀어주시고 옆에서 잡아주시며 앞에서 이끌어주신다. 기도는 만사형통이다. 기도는 능력이다. 기도는 치유이다. 기도는 변화이다. 기도는 축복이다. 기도는 사랑이다.

더욱이 기도하면 자녀들도 놀랍게 변화된다. 훌륭한 믿음의 영웅,

기독교 인재 뒤에는 항상 기도의 어머니가 있었다. 사무엘의 어머니 한나가 그랬고, 초대교회의 교부 어거스틴의 어머니 모니카 여사가 있었으며, 감리교의 창시자 요한 웨슬레의 어머니 수산나가 있었다. 또 미국의 16대 대통령이었던 링컨 뒤에도 훌륭한 기도의 어머니가 있었고, 석유왕 록펠러 뒤에도 기도하는 어머니가 있었으며, 백화점 왕 존 워너메이커 뒤에도 기도하는 훌륭한 어머니가 있었다고 한다. 지금도 여전히 훌륭한 믿음의 지도자들 뒤에는 기도하는 어머니의 눈물이 있음을 확인할 수 있다.

교회도 마찬가지이다. 교회의 부흥 뒤에는 항상 기도의 밀알들이 있었다. 예수님도 내 집은 만민이 기도하는 집이라고 하셨다. 예수님도 새벽에 습관을 좇아 집중적으로 기도하셨다. 당신의 십자가를 짊어지시기 전에도 눈물이 핏방울이 되도록 기도하셨고, 마침내 십자가를 짊어지며 승리하셨다. 공생애 사역을 시작하시기 전에도 40일 금식기도를 하시며 준비하셨다. 초대교회도 마가 다락방에서 10일 동안 오로지 기도에 힘쓸 때 성령 강림이 이뤄지며 폭발적인 부흥 성장의 서곡을 알렸다. 더욱이 초대교회 안에서도 문제가 생길 때, 갈등이 있을 때 반드시 기도하며 해결했다. 과부 구제 문제로 갈등이 생겼을 때 사도들은 기도하며 일곱 집사를 세워 문제를 해결했다. 교회는 기도하는 곳이다. 기도할 때 문제가 해결되고 축복이 일어나며, 부흥의 물결이 파도 치듯이 폭발적인 역사가 일어난다. 기도는 교회 부흥의 열쇠이다.

왜 기도하지 않는가?

성경의 예증과 기독교 역사의 예증은 기도의 놀라운 역사를 말하고 있지만, 실제로 현대 한국교회는 기도를 잘 하지 않는다는 통계가 나와 있다. 현재 그리스도인 중에도 기도를 전혀 하지 않는 사람이 46%이고, 기도 응답의 체험을 가지며 신앙생활 하는 사람은 불과 16%에 지나지 않는다고 한다. 한국교회 목회자들도 60% 이상이 1시간도 채 기도하지 않으며, 새벽기도를 안 하는 교회가 30% 이상 된다고 한다. 옛날 70년대 기도의 열정이 다 사라지고 있는 실정이다. 심지어 기도원에서조차 사역자들이 기도 시간보다는 외출 시간이 많고, 농사짓는 시간이 많고, 자급자족하는 시간이 많고, 설상가상으로 개인 기도 시간은 점점 더 줄어들고 있는 현실이라고 한다. 왜 이런 일이 일어나고 있는가?

첫째, '문명의 발달' 때문이다.

세속화의 영향이다. 물질주의의 영향이다. 기복주의 신앙, 외형주의 신앙의 영향이다. 옛날에는 아프고 힘들고, 못살고 못 먹고 못 입는 시대에 살았기 때문에 위에 계신 하나님께 부르짖는 경향이 강했다. 그때마다 기도의 능력이 임하며 문제가 해결되고 치유가 일어나고 축복의 역사가 터졌다. 정말로 많은 성도들이 교회로 몰려 기도의 물결을 이루며, 대부흥의 운동이 일어났다. 또 그 당시에는 기도하다 문제가 해결되지 않는다 해도 기도함으로써 위로를 받았고, 기도함으로써 새 힘을 얻어 그것이 열심히 사는 원동력이 되었다. 기도 자체가 희망이었고 축복이었다.

그런데 오늘날은 상황이 달라졌다. 점점 더 문명은 발달하고, 물질은 풍요로워졌으며, 경제적으로도 잘사는 나라가 되면서 기도의 동기가 사라졌다. 더 이상 부르짖지 않아도 잘사는 상황이 되었다. 기도하지 않아도 병원 가면 치료되고, 학교 가면 똑똑해지고, 직장 가면 돈 벌고, 은행 가면 대출해 주기 때문이다. 기도하지 않아도 문명이 대체해 주고, 과학이 대체해 주기 때문에 별 불편함이 없는 것이다. 그러다 보니 기도의 동기는 줄고, 기도의 희망도 사라지게 되며, 마음도 시간도 점점 기도에서 멀어지게 된 것이다. 생각에서부터 기도의 중요성이 사라지니 몸도 시간도 멀어지는 것은 당연한 것이다. 지금까지의 기도는 철저히 인본주의적이었고, 기복적이었으며, 물질적 기대에 근거한 한쪽에 치우친 신앙관의 결과였다.

둘째, '미성숙한 신앙관' 때문이다.

유치하고 수준 낮은 어린아이 신앙관 때문이다. 기도를 편협하게만 생각했기 때문이다. 성경적 기도의 가치를 망각하고 무조건 축복에 기대하는 환상적인 기도를 했기 때문이다. 성경적 기도를 배우지 못한 무지 때문이다. "이 백성이 하나님을 아는 지식이 없어 망하는도다!" 호세아의 말처럼 성경적 기도의 본질과 가치를 배우지 못했기 때문이다.

이제부터라도 기도의 정의와 기도의 본질을 깨달아 새롭게 기도 훈련을 하는 한국교회가 되어야 할 것이다. 어떤 기도가 성숙한 기도일까?

첫째, 성숙한 기도는 **'거룩한 기도'**가 목표이다. 물론 성경적 기도에는 기복적인 부분도 포함되지만, 꼭 그것만이 전부를 차지하지는 않았다. 오히려 먼저 내 욕심을 깨뜨리고 내 자아를 깨뜨리는 기도를 더욱 중요하게 생각했고, 거룩함을 향한 동기가 나를 더욱 기도하게 하는 원동력이 되었다. 구약에서는 선지자들을 통해 부패한 이스라엘에게 거룩한 동기를 위해 금식하고 마음을 찢고 통회 자복하며 회개하는 기도를 드리라고 부르짖고 또 외쳤다. 사무엘도 미스바에서 거룩한 동기로 금식하며 회개하는 성회를 개최했고, 이스라엘이 깨지는 대각성의 운동이 일어났다. 신약에서도 회개 기도를 통해 새롭게 된 베드로가 사명의 길을 걸어갔다. 사도 바울도 날마다 자기를 쳐 복종시키며 주님 앞에 거룩하게 살고자 하는 기도로 몸부림치며 주의 사역을 감당했다. 그러므로 모든 성도의 기도의 목표는 축복이 아니라 거룩함이다. 거룩함에 영광이 있고, 거룩함에 은혜가 있고, 거룩함에 축복이 있는 것이다. 이것이 기독교 기도의 본질이다.

둘째, 성숙한 기도는 **'사명의 기도'**가 목표이다. 성경적 기도는 사명의 기도가 얼마나 중요한지를 보여준다. 예수님도 사명을 위해 40일 금식기도를 하셨고, 겟세마네 동산에서도 사명을 위해 눈물이 핏방울이 되도록 기도하셨다. 십자가에서도 사명을 위해 기도하며 승리하셨다. 사도 바울도 자신의 사명을 위해서는 자기 생명도 조금도 귀한 것으로 여기지 않는다고 하며 날마다 기도의 습관을 좇아갔다. 베드로도 하루에 세 번 성전을 오가며 사명 감당을 위해 기도했다. 사무엘도 나라와 민족을 위해서 기도 쉬는 죄를 범치 않겠다고 고백했다. 모세도 주신 직분과 사명을 감당하기 위해 매일 성막에서 기도했다. 에스더도 죽으면 죽으리라 하며 유대 민족을 살리기 위해 3일 금식기도를 했다.

이처럼 성경에 나와 있는 믿음의 사람들은 모두가 사명을 위해서 기도했다는 것을 알 수 있다. 그러므로 우리 성도들의 기도 목표는 하나님 나라와 의를 위해서, 주신 직분과 사명을 위해 기도하는 것이 일상이 되어야 한다. 기도가 멈추면 사명감이 흐트러진다. 사명이 멈추면 하나님이 노여워하신다. 성도의 인생 목적은 사명을 위해 사는 것이다. 그러기 위해 기도하는 것이고, 기도할 때 사명을 감당할 힘을 주시는 것이다.

셋째, 성숙한 기도는 **'중보(도고)기도'**가 목표이다. 기도는 나를 위해 하는 것이 아니다. 기도는 남을 위해서 하는 것이다. 기도는 내 욕심을 채우기 위해서 하는 것이 아니라 하나님의 나라와 이웃의 어려움을 위해 하는 것이다. 이것이 기도의 정의이고, 중보기도의 방법이다. 야고보서는 "너희가 얻지 못함은 구하지 아니하기 때문이요 구하여도 받지 못함은 정욕으로 쓰려고 잘못 구하기 때문이라"(약 4:2-3)고 말하고 있다. 내 정욕을 채우기 위해 기도하면 응답이 없다. 능력이 없고, 기적이 없다. 하나님 영광과 타인의 유익을 위해 기도하면 내가 구하지 아니한 내 기도 제목까지도 여분으로 채워주신다. 솔로몬이 지혜를 구했을 때 구하지 아니한 부와 영화도 더하여 주시지 않았는가? 이것이 중보기도의 매력이고, 기도의 원리이다.

그러므로 세계를 위해 기도하면 당신이 세계적으로 쓰임 받는 그릇이 된다. 나라와 민족을 위해 기도하면 당신이 나라와 민족을 위해 쓰임 받는 축복을 받는다. 교회를 위해 기도하면 당신이 교회를 위해 쓰임 받는 훌륭한 일꾼이 된다. 가정을 위해서 기도하면 당신이 가정을 위해 쓰임 받는 축복의 통로가 된다. 이것이 기도의 원리이고 목표이며, 기도 분량의 크기이다. 중보기도를 간절히 하는 만큼 하나님은 당신을 쓰시며, 거기에 합당한 축복을 주시고 능력을 더하여 주시는 것이다. 그러므로 성숙한 기도의 목표는 중보기도이다.

넷째, 맨 마지막으로 하는 기도가 **'기복적인 기도'**이다. 기복적인 기도는 절대 우선순위가 아니다. 맨 마지막 순서의 제목이다. 하나님 영광과 이웃을 위해 먼저 기도하고 그다음에 나의 일용할 양식도 달라고 기도하는 것이다. 이것이 기도의 바른 순서이며, 중요성의 순서이다. 이것이 거꾸로 되면 정욕의 기도가 된다. 이기적인 기도가 된다. 기복적인 낮은 수준의 기도에 머무르게 된다. 내 마음의 소원을 응답해 달라는 기도를 하지 말라는 것이 아니다. 기도의 가치의 순서, 기도의 중요성의 순서를 지켜야 온전한 기도가 되며, 그 중요성을 따라 기도하기 때문에 환경과 여건에 상관없이 기도의 습관을 좇을 수 있는 것이다. 그때 하나님께서도 기뻐하시고 은혜 위에 은혜를 베풀어 주시는 것이다.

셋째, 한국교회가 기도하지 않는 이유는 '기도에 대한 지식'이 없기 때문이다.

한국교회 교인들 중 불과 16%만이 기도 응답의 체험이 있다고 하니 정말 문제가 아닐 수 없다. 성도들이 처음엔 기도하지만 점점 응답이 오지 않자 낙심과 절망감 때문에 포기한 경우가 있을 것이고, 두 번째는 기도 안 해도 문제없이 잘 굴러가는 생활 때문이든지, 또는 기도를 하나 안 하나 문제가 똑같다는 합리적이고 과학적인 생각을 하는 경우일 것이다. 이는 그만큼 한국교회 성도들의 기도 영성 수준은 이미 낮아졌고, 세속적인 관점에 빠져 있다는 증거이다. 더욱이 이런 생각은 기도에 대한 무지이고, 기도훈련을 받지 못한 미숙한 신앙의 결과이다. 그래서 기도에 대해서도 배워야 한다. 또 그렇게 배운 대로 기도하고, 기도해 내야 기도의 능력이 올라가는 것이다.

기도 응답의 지식은 보통 다섯 가지로 나타난다. 일단 기도 응답이 나타나지 않는 경우는 없다고 생각해야 한다. 기도는 무조건 응답된다. 응답을 경험하지 못하는 것은 기도 응답에 대한 지식이 없기 때문이다. 또 그것을 발견하지 못해서 실망하고 좌절하고 낙심하기 때문이다. 기도하는데 실망하고 낙심할 이유는 전혀 없다. 기도는 무조건 응답되기 때문이다.

첫째, '**즉시 응답**'의 기도가 있다. 이것은 기도하는 대로 즉시 응답되는 체험이다. 히스기야 왕이 죽을병에 걸려 기도할 때 즉시 치료되는 역사가 있었다. 소경 바디메오가 주님의 말씀을 듣고 즉시 치료받고 예수님을 따라 70문도의 반열에 섰다. 나아만 장군이 엘리사의 말을 듣고 요단 강에 일곱 번 몸을 씻을 때 즉시 치료되는 역사가 있었다. 이렇게 기도가 즉시 응답되는 경우도 많다. 필자도 기도할 때 즉시 응답되는 체험을 많이 했다.

둘째, '늦은 응답'의 기도가 있다. 이것은 "비록 더딜지라도 기다려라, 때가 되면 지체하지 않고 응하리라" 하는 때를 기다려야 하는 기도이다. 낙심하고 포기하지 않으면 때가 되면 거두는 기도의 응답이다. 이삭은 40세에 결혼하고 아이가 없었다. 그는 20년을 기도했다. 기도의 양을 채웠고 기도 응답의 때를 기다렸다. 그리고 때가 되매 60세에 쌍둥이, 에서와 야곱을 낳았다. 늦은 응답이었다. 아브라함도 독자 이삭을 약속받은 후 25년 만에 웃음이란 뜻의 이삭을 낳았다. 야곱도 벧엘에서 주님의 약속을 받은 후 20년 만에 외삼촌 라반의 집에서 나와 가나안으로 돌아오게 되었다. 요셉도 17세에 꿈을 꾸고 무수한 연단을 받은 후 30세에 국무총리가 되어 응답의 체험을 했다. 이처럼 우리 인생에 늦은 응답도 무수히 많다는 것을 깨닫게 된다.

셋째, '다른 응답'의 기도가 있다. 이것은 내가 좋아하는 A보다 하나님 보시기에 더 좋은 B를 주시는 응답이다. 하나님 생각과 내 생각이 다를 때가 있다. 그때 하나님께서는 다른 응답을 주셔서 합력하여 선을 이루게 하신다. 필자는 다른 응답을 받을 때가 많다. 새벽기도 때 기도하면 전혀 다른 목회의 방향으로 조명해 주시는 것을 느낄 때가 있다. 그렇게 목회의 방향을 조금씩 틀며 수정을 해나가는 경우도 많았다. 사도 바울도 그랬다. 사도행전 16장을 보면, 바울은 자꾸 아시아로 복음을 전하려고 애를 썼지만 환경이 막았다. 무엇인지 모르게 환경도 사람도 열리지 않았다. 그런데 기도 중에 마게도냐로 오라는 환상을 보고 옮겨간 곳이 빌립보 지역이었다. 그곳에서 루디아를 만나며 유럽 최초의 빌립보 교회가 세워졌다. 자기 의도와는 다른 응답이었다. 이처럼 내가 기도할 때 하나님은 전혀 다른 방향으로 틀어 역사하시는 경우를 발견하게 된다.

넷째, '**보너스 응답**'의 기도가 있다. 이것은 내가 기도한 것보다 30배, 60배, 100배로 채워주시는 은혜를 체험하는 것이다. 마태복음 6장 33절은 "너희는 먼저 그의 나라와 그의 의를 구하라 그리하면 이 모든 것을 너희에게 더하시리라"고 말씀하셨다. 이것은 하나님 나라와 의를 위해 기도하면 구하지 아니한 무엇을 먹을까, 입을까, 마실까를 더하여 주신다는 것이다. 솔로몬의 기도가 그랬다. 그가 지혜를 구했을 때 구하지 아니한 부와 영화도 보너스로 주셨다. 구레네 시몬도 억지로 십자가를 나르다 예수를 믿고 난 후 보너스로 물질의 축복, 자녀의 축복, 교회 세움의 축복을 받았다. 놀라운 명문 가문의 축복을 받았다. 여기서 우리는 거룩함의 기도, 사명의 기도, 중보 기도는 항상 보너스의 응답이 뒤따른다는 것을 발견하게 된다. 그러므로 하나님 나라와 의를 구하는 자들이 되기를 기원한다.

다섯째, '**안 된다 응답**'의 기도도 있다. 여기서 안 된다는 응답도 기도의 응답이다. 우리는 대부분 기도한 대로 안 되면 그것은 기도 응답이 아니라고 생각한다. 안 된다도 분명한 기도의 응답이다. 문제는 안 된다고 하는 분명한 환경과 여건, 조명하심을 받아야 한다는 것이다. 이것이 확실하면 안 된다고 하는 응답도 최고의 응답이며 최고로 좋은 응답이라 할 수 있다. 사도 바울을 보라. 몸에 가시가 있어 세 번 기도했다. 하나님께서 교만할까 봐 안 된다고 하셨다. 그것을 짊어지고 가라는 것이다. 그때 바울은 겸손히 그것을 수용했다. 그리고 "내가 약할 때 곧 강함이니라" 하며 더욱 기도하고 더욱 하나님을 의지함으로써 더 큰 종이 되었고, 더 큰 능력의 역사를 일으키는 사건이 나타났다. 안 된다는 응답이 오히려 축복의 전환점이 된 것이다.

지금까지 우리가 기도하지 않았던 이유가 '기도에 대한 지식'이 없었기 때문이라고 했다. 그러나 기도에 대하여 제대로 알면 기도 체험을 안 할 수가 없다. 기도는 무조건 응답되는 것이다. 다섯 가지 범주에 다 들어가 있다. 그러므로 이제부터는 성숙한 기도에 대한 지식을 잘 터득하여 기도의 성공자가 되며, 기도의 능력자가 되기를 소망한다.

넷째, 한국교회가 기도하지 않는 이유는 '기도의 게으름' 때문이다.
믿음이 떨어지다 보니 영성도 점점 희미해지고, 마치 한 달란트처럼 기도를 땅속에 묻어버렸다. 무슨 문제가 생겨도 기도로 해결하려는 생각을 버렸다. 과학적으로, 합리적으로, 상식적으로, 지식적으로, '하나님이 다 알아서 해주시겠지' 하며 방관자적인 신앙으로 생각하니 기도가 땅속에 묻히게 되는 것이다. 또 그렇게 기도의 중요성을 생각하지 아니하니 기도의 게으름이 쌓이고 쌓여, 이제는 기도의 생활화가 없어지고 종교적이고 문화적인 형태로만 남게 된 것이다.

사람은 무엇이든 3일만 안 하면 잊어버린다고 한다. 생각도, 몸도, 마음도, 비전도 3일이 지나면 희미해진다고 한다. 그래서 사람은 규칙적으로, 반복적으로, 주기적으로, 정기적으로, 습관적으로 생각을 하고 훈련해야 정신 차리고 긴장하며 성장과 발전을 거듭한다는 것이다. 사무엘은 매일 기도를 쉬는 죄를 범치 않겠다고 선포하며 죽을 때까지 기도의 습관을 이어갔다. 사도 바울도 쉬지 말고 기도하라고 말하며, 어떤 경우에도 기도를 멈추는 일은 없어야 한다고 강조했다. 베드로도 하루에 세 번 습관적으로 기도하였기에 성전 미문에 있는 앉은뱅이를 일어나게 하는 기적과 능력이 나타난 것이다.

기도는 기분과 감정을 뛰어넘어야 한다. 기도는 환경을 뛰어넘어야 한다. 기도는 편안함을 뛰어넘어야 한다. 환경과 여건에 상관없이 항상 기도하고, 쉬지 말고 기도하고, 범사에 기도해야 우리 신앙을 지킬 수 있고 진정한 하나님의 응답을 체험할 수 있으며, 견고한 믿음의 반석 위에 설 수 있는 것이다.

기도 프로젝트가 있는 교회가 부흥한다!(How-Pray Project?)

기도하는 교회는 절대 부흥하지 않을 수 없다. 이것은 초대교회의 기적이고, 기독교 역사 속에 나타난 공통된 기적의 역사이다. 기도하는 가정, 기도하는 자녀는 망하지 않는다. 기도하는 교회도 망하지 않는다. 하나님이 반드시 지켜주시며 부흥케 하신다. 그러므로 우리는 기도하고 하나님은 역사하신다. 기도하는 한 교회는 절대로 무너지지 않는다.

첫째, 기도의 프로젝트는 '새벽기도'를 살리는 것이다.

부흥하는 교회를 보면 공통적으로 새벽기도가 살아 있고 특성화되어 있다. 성도들이 한마음으로 새벽에 모이기를 좋아하고, 새벽에 하는 기도가 응답의 첩경임을 인정한다. 보통 성도들이 시험이 들어 교회를 옮길 때 보면 새벽기도에 먼저 참석하고 교회를 결정하는 경우가 많다. 기도하는 사람은 새벽기도를 와보면 그 교회의 영성을 가늠할 수 있기 때문이다. 따라서 교회가 새벽기도를 특성화하고, 새벽기도 프로젝트를 비범하게 세우면 놀라운 성장과 변화가 있을 것이다. 또 새벽기도를 멈추지 않고 꾸준히 하면 때가 되면 새벽기도를 통해 사람도 몰려들고 부흥도 일어나며 채워주시는 은혜를 받게 될 것이다.

둘째, '특별새벽기도회'를 살리는 것이다.

부흥하는 교회들을 보면 특새를 통해 신앙 성장과 부흥 성장의 계기를 만드는 것을 발견할 수 있다. 새벽 시간이 일반 시간보다 모이기도 좋고, 하나 됨과 기도 응답도 강력하게 받는 시간이기도 하다. 서울 명성교회, 서울 사랑의교회, 서울 오륜교회 등과 같이 새벽기도를 특성화하여 큰 반향을 일으키는 한국교회들도 많다. 따라서 교회들은 절기마다 또는 상하반기로 특별새벽기도회를 조직하고, 설교 책자도 준비하며, 또 잘 모일 수 있도록 성가대, 특송도 집어넣고, 차량 운행도 하며, 셀별로 기관별로 많이 모이도록 각 구역장이 애를 쓰고, 힘을 써야 한다. 특새를 살리면 교회가 부흥한다!

셋째, '저녁기도'도 가동하는 것이다.

요즈음 부흥하는 교회 중에는 '일천번제기도 교회'도 있고, '3시간 돌파기도 교회'도 있고, '문제해결 3일 금식 교회'도 있고, '문제해결 40일 저녁기도 교회'도 있다. 다양한 프로젝트로 기도 운동을 하는 교회들이 있는데, 안 하는 교회들보다는 이벤트를 만들고 기도 운동을 실행하는 교회들에 분명 부흥의 크고 작은 변화의 역사가 있는 것을 본다.

이것도 쉽지 않다. 그러나 멈추지 않고 끈질기게 하면 된다. 역사가 일어난다. 목사님, 사모님부터 저녁기도에 엎드려라! 꾸준히 지속적인 기도를 해보라! 필자도 개척 전반기는 10년 넘게 매일 저녁기도로 엎드렸다. 그랬더니 기도의 일꾼들이 1~3명 자연히 모여들었다. 교회는 기도가 살아야 힘이 된다. 은혜가 넘친다. 응답이 있다. 축복이 있다. 예수님도 겟세마네 동산에서 저녁기도에 승리하셨기 때문에 십자가에서 승리할 수 있었다. 저녁기도를 하는 교회는 부흥의 전기를 만들 수 있다.

넷째, 교회에서 '기도 문화를 조성'하는 것이다.

누구든지 와서 기도할 수 있는 교회 분위기를 만들어야 한다. 교회 문이 닫히면 기도할 수 없다. 그래서 항상 기도할 수 있도록 교회를 개방하는 것이 좋다. 요즈음 교회 내에 도둑질도 횡행하지만 그렇다고 교회의 기도하는 분위기를 포기할 수는 없다. 또 교회 기도실에 항상 찬송 음악을 잔잔하게 틀어놓는 것도 좋다. 교회에 기도하는 분위기가 가득 차야 성도들도 기도의 역사를 느낄 수 있다. 평안하고 따뜻하고 온화한 성령의 기운을 느낄 수 있다. 따라서 교회 안에서는 기도의 냄새를 느낄 수 있게 해야 한다. 평소에 기도의 양을 많이 채운 교회는 교회 안에서 기도 냄새를 느낄 수 있다. 이런 교회를 만들어야 교회 부흥을 원천적으로 일구어 나갈 수 있다.

다섯째, 교회 내에 '중보기도의 일꾼'을 많이 키워야 한다.

교회는 중보기도의 일꾼이 많아야 성장한다. 그래야 흔들리지 않는다. 하나가 되어 뻗어 나간다. 누르고 흔들어 넘치는 복을 받는다. 우리 교회는 노 권사님들이 중보기도의 일꾼들이다. 이분들은 일주일에 한 번 정기적으로 모여 중보기도 모임을 한다. 또 매일 교회에 나와 기도하시는 분들도 계신다. 아침 운동을 하고 산책한 뒤 교회에 와서 기도하시는 분들도 계시고, 또 아침에 일어나면 제일 먼저 교회에 와서 기도하고 일과를 보시는 분들도 계신다. 또 직장 끝나고 나면 교회에 와서 기도하시는 분들도 계신다. 모두가 다 우리 교회 기도의 그루터기 일꾼들이다. 젊은 권사님들 중에도 아침, 점심, 저녁 하루에 세 번 기도하시는 분들도 계시고, '목회자 중보기도' 모임도 있어 목사의 사역을 위해 늘 기도하시는 분들도 계신다. 또 전도하고 기도하고, 기도하고 전도하는 '전도 중보기도' 권사님들도 계신다. 기도와 전도는 한 묶음이기 때문에 전도하는 사람이 기도의 일꾼으로 자라게 되는 것이다.

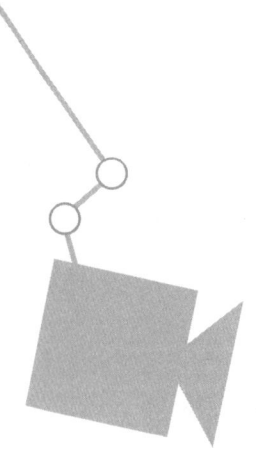

04.
전도 부흥의 프로젝트

전도하는 교회가 부흥한다!

교회 본질의 가장 중요한 신앙 행위는 예배와 전도일 것이다. 그 중에서도 전도는 하늘의 별과 같이 빛나는 역사가 있을 것이다. 전도는 생명이다. 전도는 사명이다. 전도는 명령이다. 전도는 축복이다. 전도는 선택이 아니라 필수이다. 전도는 순종이다. 전도는 하나님 나라의 확장이다. 전도는 영적 운동이다. 교회는 전도를 안 하면 병들고, 침체의 늪에 빠진다. 고이고 썩는다. 교회는 전도해야 활력이 넘치고 확장되고 번성하는 것이다.

우선 교회에 전도가 활성화되면 교회 부흥이 수적으로 폭발한다. 교회가 크든 작든 문제 없는 교회가 없지만 전도하면 그 문제가 수면 아래로 내려가고 없어져 버린다. 자연히 교회 문제가 해결된다. 그뿐 아니라 교회가 전도로 왕성해지면 목사님의 강단권이 권세를 얻는다. 성령의 기름 부으심이 강력하게 임한다. 목사님도 신이 나서 설교한다. 능력이 7배가 더해지는 역사가 나타난다. 더불어 성도들도 함께 기뻐하며 더 열심히 기도하고, 더 열심히 전도하고, 더 열심히 봉사하며, 더 열심히 예배에 참석하게 된다. 있는 자는 더 있게 되고, 없는 자는 있는 것마저 빼앗기게 되는 것이다. 이렇게 생명 전도가 교회 부흥의 놀라운 변화와 성장을 가져오는 것이다.

전도 프로젝트가 있는 교회가 부흥한다!

먼저 전도는 준비 작업이 꼭 필요하다. 전도하기 전에 '**기도로 준비**'해야 한다. 기도 외에는 이런 유가 나올 수 없다. 기도는 전도의 전초전이다. 기도를 많이 하고 나갈수록 전도의 열매가 달라진다. 그다음에는 '**전도 구호**'를 외치고 나갈 때 힘이 더 난다. "나가자! 전하자! 채우자! 부흥1000!" "할 수 있다! 하면 된다! 해보자! 꼭 된다! 야~~~!" 전도 구호를 힘차게 외치고 나가면 더 큰 힘을 얻는다. 그다음은 '**짝 전도**'가 좋다. 혼자 가는 것보다 둘씩 짝을 이뤄 가면 더욱 더 효과적이고, 기능적이 된다. 한 사람이 전도할 때 다른 한 사람은 기도해 주면 좋은 파트너십이 되어 전도의 열매가 두 배로 넘칠 것이다.

전도의 실제적 프로젝트(How-Salvation Project?)

전도의 실제적인 프로젝트는 성경에 두 가지로 나타난다. 하나는 '와보라!' 전도법이고, 또 하나는 '나가자!' 전도법이다. 둘 다 예수님이 만드신 것이다. '와보라 전도법'은 예수님이 요한과 안드레를 부를 때 "와보라!", 빌립에게도 "와보라!", 또 빌립이 나다나엘에게 "와보라!" 하며 전도했다. 이것이 와보라 전도법이다. 두 번째 '나가자!' 전도법은 부활 후 예수님께서 제자들에게 "그러므로 너희는 가서 모든 민족을 제자로 삼아…"라고 하며 나가라고 하셨다. 예루살렘과 온 유대와 사마리아와 땅끝까지 나가라고 하셨다. 이것이 '나가자!' 전도법이다.

1) '와보라!' 전도법(Come and See)

와보라 전도법은 예수님의 전도법이며, 오늘날에는 주로 전도 축제 초청 예배나 이웃 초청 간증 집회, 유명 강사 초청 집회, 이벤트 선물 전도, 열린 음악회, 노인대학, 청년 문학의 밤, 어린이 공부방, 어머니교실, 아버지학교, 문화교실, 주제 성경 공부 초청 등 전단 광고 뿌리기를 통해 지역주민들을 교회로 불러오는 전도법을 말한다.

첫째, '토양 만들기'이다.

와보라! 전도법은 토양을 먼저 만들어놓고 불신자를 초청하는 것이다. 그것은 '기도하기 토양 작업'이다. 예를 들어, 전도 대상자 작정 기도, 세 이레 특별새벽기도, 기관별 기도, 1시간 돌파 저녁기도 등 기도로 먼저 토양 작업을 하는 것이다. 그다음에는 '실무적으로 행정 준비'를 하는 것이다. 예를 들어, 전도 책자, 전단 광고지 만들기, 전도 동영상, 전도 구호 제창, 전도 로고송, 전도 발표회, 전도 목표설정, 초청 선물, 초대장 등을 디테일한 방법으로 준비하며 진행해 나가는 것이다.

둘째, '초청하기'이다.

교회는 더 많은 사람을 초대하기 위해 여러 이벤트를 준비한다. 예를 들어, 유명 강사 초청 집회, 전도왕 초청 집회, 열린 음악회, 노인 초청 잔치, 청년 문학의 밤, 어린이 공부방, 주민 문화교실, 사랑의 바자회, 셀 구역 초청의 날, 전도부흥회, 경품추첨 잔치 등을 개최한다. 불신자들이 이러한 이벤트들을 보고 교회에 나오도록 흥미와 관심을 유발하는 것이다.

셋째, '세 가지 필수용품 준비하기'이다.

'광고-선물-말씀'이다. 전단지를 뿌리든, 사람이 나가 홍보를 하든, '광고'를 얼마나 많이 하고 자주 하느냐에 따라 초대의 숫자가 정해진다. 두 번째는 초대받아 온 사람들에게 호감이 가는 필요한 '선물과 식사'를 어떻게 준비하느냐에 따라 다음에 초대하는 데에도 영향을 미친다. 셋째는 무엇보다도 예배 시간에 '좋은 말씀'이 초청자에게 가장 큰 영향을 미칠 것이다. 따라서 와보라! 초청 전도 축제는 이 세 가지가 잘 어우러질 때 성공적으로 효과를 거두는 것이다.

2) '나가자!' 전도법(Go and make disciple)

나가자! 전도법은 전도인이 직접 나가서 불신자와 관계를 맺고 복음을 전하여 교회로 인도하는 방법이다. 이것은 와보라! 전도법보다 훨씬 더 적극적이고 실질적인 전도의 열매를 맺을 수 있다. 또 이것은 사람을 많이 만날수록 좋고, 자주 만날수록 효과적인 전도법이다.

첫째, 나가자! 전도는 '축호전도'가 있다.

가가호호, 집집마다 방문하여 전도 대상자를 찾는 것이다. 아파트나 빌라를 전도할 때는 매일 1시간씩 2~4라인 이상을 동호수마다 두드린다. 그렇게 해서 동과 호수 상태를 파악하고 그림을 그려서 그 집 종교, 이름, 배경 등을 조사해 나가는 것이다. 그러면 그중에서 반드시 전도 열매가 맺히는 역사가 있다. 축호전도는 '용기와 담대한 믿음'만 있으면 폭발적인 증거가 나타나는 좋은 전도법이다. 특별히 아파트로 나갈 때는 최소한 일주일에 한두 번, 뻥튀기, 두부나 강냉이, 건빵 등 물품과 함께 교회 전도지를 문에 걸어 놓는다. 이렇게 **문고리 전도를 한 달**만 하면 분명히 반응이 온다. 문제는 매일 또는 규칙적으로 정기적으로 하지 않기 때문에 반응이 약한 것이다.

또 그렇게 대상자가 만들어지면 관계 전도 하는 것도 쉬워진다. 보통 1명의 전도대상자를 만들려면 사람 10명은 만나야 한다. 하루에 10명을 만나려면 몇 시간을 투자해야 할까? 최소한 하루에 1시간은 투자해야 한다. 그렇게 한 달에 $1 \times 5(\times 4)=20$명, 6개월이면 120명, 1년이면 240명 대상자를 확보할 수 있다. 전도왕들은 대부분 **하루에 10명을 만나는 방식**으로 효과적인 전도의 열매를 맺는다.

둘째, 나가자! 전도는 '피켓 차 전도'가 있다.

이 전도법은 거리나 정류장, 공원 등에 나가서 한 사람은 피켓을 들고 전도하고, 다른 사람들은 부침개나 솜사탕, 붕어빵, 커피, 차 등을 나눠주면 좋은 효과를 거둘 수 있다. 이것도 매일 준비해서 전도하면 한 달 안에 분명한 반응이 온다. 단 피켓 차 전도할 때는 나눠

주는 것으로만 끝나면 안 된다. 반드시 대상자를 따야 한다. 부지런히 사람을 만나고, 이야기를 하며 이름과 주소를 따서 기도하고 그 사람과 지속적인 관계를 맺어야 한다. 이것도 하루에 10명을 만나면 1명의 대상자를 확보할 수 있다. 그 이후에도 계속 기도, 전화, 문자 또는 방문을 통해 전도의 끈을 맺는 것이다. 그렇게 할 때 좋은 전도의 열매를 맺을 것이다.

셋째, 나가자! 전도는 '상가 전도'가 있다.

상가 전도는 교회 주변 상가 일대를 규칙적으로 돌아보는 것이다. 이것은 많은 시간을 요구하지 않는다. 전도지와 주보, 간단한 선물 등을 돌리며 "저는 그리스도인입니다. 이 옆에 어느 교회에서 나왔습니다" 하고 소개만 하면 된다. 그렇게 규칙적으로 상가를 돌며 전도하면 그중에서도 변화되는 신자가 나온다. 실제로 어느 목사님이 상가를 돌며 "저는 어느 교회 목사입니다" 하고 주보와 전도지를 돌렸는데 한 달 만에 2~3명의 등록 신자가 생겼다고 간증했다. 그러므로 전도자들은 최소한 한 달에 한 번은 교회 주변 상가와 아파트를 돈다는 목표를 정하고 열심히 찾아다녀야 할 것이다.

넷째, 나가자! 전도는 '셀 전도'가 있다.

셀에서 인맥을 동원해 각자 불신자 1~3명을 적는다. 그것을 셀원 2~3명이 기록한 불신자 1명의 집을 차례로 찾아가는 방법이다. 이것을 6주 동안 관계하며 함께 시간을 보내고, 7주째는 셀과 교회로 초대하는 방법이다.

또 이것을 역으로 하는 방법도 있다. 셀원 2~3명이 모이고, 한 집에 이름 적은 불신자 3명을 한꺼번에 초대하는 것이다. 그렇게 6명이 모이면 서로 집으로 돌아가며 6주간 식사와 친교 모임을 함께한다. 그리고 마지막 7주째는 6명이 또 각각 1명씩 더 초대한다. 그렇게 12명이 모이면 셀원 3명은 멋진 파티와 이벤트를 준비해 아주 친밀한 관계를 형성케 한다. 그리고 그중에서 교회 관심자를 셀과 교회로 초청하는 것이다.

다섯째, 나가자! 전도는 '재능 전도'가 있다.
이것은 아파트나 지역주민에게 재능을 기부하는 형식이다. 예를 들어, 아파트 현관에 광고를 붙여 피아노, 오카리나, 영어 회화, 미술치료, 독서치료, 심리치료, 아기 양육, 엄마 커피 모임, 수다 모임 등을 모집한다. 또는 전도 대상자 중에도 원하시는 분이 있으면 함께 합류하게 한다. 그렇게 해서 모집이 되면 한 집에서 모여 6~12주 과정의 재능기부를 한다. 이때 집이 아니라 교회에서 재능모임을 해도 좋다. 그렇게 한 과정을 수료한 후에는 마지막 주에 전체 파티를 개최한다. 이때 2~3명의 셀원들이나 전도팀이 함께 참석하고, 그중에서 관심자들을 셀과 교회로 초청하는 것이다.

여섯째, 나가자! 전도는 '맞춤형 전도'가 있다.
사람을 찾아갈 때는 대상과 환경, 배경 등을 파악하고 거기에 맞게 전도하면 효과적이다. 예를 들어, 장례식 때에는 **'장례 전도대'**를 잘 운영하면 아주 효과적이다. 그때 유족들의 마음이 자연스럽게 열린다. 또 장례 설교도 잘 준비하면 유족들이 귀담아듣는다. 더욱이 장례식 때는 도망갈 수도 없고, 싫든 좋든 설교를 들어야 하기에 복음을 받아들이는 좋은 계기가 될 수 있다.

또한 집안에 '이사, 결혼, 애경사, 각종 행사의 잔치'들이 생길 때는 절대 기회를 놓치지 말고 찾아가 전도의 적절한 기회로 활용하는 것이 좋다. 그런 때에는 교인들도 사랑의 마음으로 함께하기에 아주 쉽게 교회로 나오는 계기가 될 수 있다. 그러므로 전도대원들이 주변에서 이사를 했거나 지인들의 애경사를 검토하고 그 사정을 면밀히 챙김으로써 전도의 좋은 기회를 얻을 수 있다.

또한 '청년들 대상 전도'는 청년들의 필요를 알고 채워주는 전도를 하는 것이다. 요즈음 위기의 세대가 청년들이다. 3포, 5포, 7포 시대 등 청년들이 방황하는 시대이다. 이들의 주된 관심은 직장/ 진로/ 결혼/ 배우자/ 웰빙 생활이라고 한다. 따라서 밖에 나가 지하철, 정류장, 문화광장, 캠퍼스, 번화가 앞에 있는 청년들을 전도할 때는 주로 버스킹 찬양 전도나 진로 설문조사, MBTI 성격 조사, 진로상담 등을 준비해 함께 이야기하는 방식이 효과적일 것이다. 또 공원이나 카페, 혼자 걷는 외로운 청년들에게도 조용히 다가가 상담적인 전도를 하는 것이 효율적일 것이다. 또 군대나 배 타는 청년들, 멀리 있는 청년들에게는 위로 방문과 문자, 정성스러운 편지가 많은 도움이 될 것이다. 또 헬스나 운동 스포츠를 좋아하는 청년들과 함께 운동을 하면 전도의 좋은 효과를 거두게 될 것이다.

또한 '노인 대상 전도'도 노인의 필요에 맞추는 것이 중요하다. 그것은 노인복지 사역이라 할 수 있다. 예를 들어, 교회가 노인대학, 이동목욕센터, 재가복지센터, 주간보호센터, 요양원 등을 운영하며 노인들을 섬기고, 또 독거노인, 노숙자, 생활보호자 등을 돌보고, 노인 초청 잔치를 개설해 선물도 주고 노인 영정사진도 찍어주고 교회 장례 편의도 제공해 주며, 노인복지 전도를 통해 복음을 전하면 아주 효과적이 될 것이다.

또한 '아이들도 맞춤형 전도'를 해야 한다. 오늘날에는 교회학교도 많이 줄어들었다. 옛날에는 사탕 주고 장구 치면 몰려들었다. 오늘날은 더 이상 통하지 않는다. 지금은 아이들 전도와 교육도 창의적 방법으로 해야 변화가 일어난다. 예를 들면, 매주 게임하기, 놀아주기, 상담하기, 운동하기, 피시방 가기, 짜장면과 피자 사주기, 여행 가기, 독서 마라톤, 공부방 운영, 학교 밖 전도, 달란트 전도 등 다양한 콘텐츠를 개발해 전도해야 하는 때이다.

마지막으로 전도할 때 효과적인 방법은 '**현대문화적 성향을 따르는 것**'이다. 요즈음 현대인들은 소리치고 과격하게 전도하는 것을 싫어한다. 인격적인 전도 접근을 좋아한다. 또한 현대인들은 싸우는 소문이 난 교회를 싫어한다. 화평하고 사랑이 많은 교회를 선호한다. 또한 현대인들은 헌금 강요나 부담스러운 봉사를 싫어한다. 자발적 봉사와 헌신이 묻어나는 교회를 선호한다. 그래서 전도할 때도 이런 문화적 특징을 알고 교회를 자랑하면 불신자들이 마음을 여는 효과적인 방법이 될 것이다.

일곱째, 나가자! 전도는 '기질 전도'가 있다.

사람에게는 누구나 기질이 있다. 사람 관계도 잘 맞는 기질이 있고 안 맞는 기질도 있다. 따라서 전도할 때도 상대의 기질을 알면 거기에 맞게 효율적으로 전도할 수가 있다.

먼저 **직관적 주도형의 D형 기질의 불신자**를 전도할 때는 돌려서 전도하면 답답해한다. 본론보다 결론을 먼저 말하는 것이 좋다. 주도형의 기질을 가진 불신자는 직선적이고 솔직하게 전도해야 오히려 잘 먹힐 수가 있다.

또한 **사교적인 I형 기질의 불신자**를 전도할 때는 논리적이거나 합리적으로 전도하면 안 된다. 딱딱하게 전도하면 딱 질색이다. 이런 분은 재미있게 칭찬도 해가며 감동적인 이야기를 가미하면 효과적으로 복음을 전할 수 있을 것이다.

더욱이 변화를 싫어하는 **안정형인 S형 기질의 불신자**를 전도할 때는 한 번으로 끝내려 하면 안 된다. 그들은 쉽게 마음을 열지 않는다. 조금씩 두고 보며 천천히 알아간다. 그래서 이들에게는 꾸준히 신뢰를 쌓아가며 전도해야 한다. 그러다가 일단 진심이 통하고 한번 마음이 열리면 놀라운 신자로 변화된다.

마지막으로 분석적이고 **논리적인 C형 기질의 불신자**를 전도할 때는 이성적이고 합리적인 방법으로 설득해야 한다. 성경적 근거와 신앙적 데이터를 가지고 논리적으로 설명할 수 있어야 한다. 그렇게 해서 일단 수긍이 되면 이런 분들도 놀라운 변화를 일으킨다. 이처럼 전도할 때도 그 사람의 기질에 따라 맞추어 전도하면 놀라운 열매가 맺힐 것이다.

나가자! 전도법의 대강령 안내서

전도에는 왕도가 없다. 아무리 이론이 좋다 해도 나가지 않으면 무슨 소용이 있겠는가? 전도는 나가면 있고, 안 나가면 없다. 자주 나갈수록 좋고, 많이 만날수록 좋다. 이것은 이론의 여지가 없다. 자주 만나야 한다! 많이 만나야 한다! 좋게 만나야 한다! 그러면 최고의 전도왕이 될 것이다.

첫째, 전도는 '나가면 무조건 유익'이 있다.

전도는 나가는 것 자체가 유익이고, 부흥이고, 능력이다. 설사 나가서 전도의 열매가 안 맺혀도 많은 유익이 있다. 일단 전도하면 소문이 퍼진다. 전도하는 교회로 널리 알려진다. 그 동네에 이사 오거나 교회를 찾을 때 전도하는 교회로 올 확률이 높다. 또 전도 행위를 계속하면 내가 전도를 못해도 딴 곳에서, 또는 딴 사람이 이상하게 전도가 된다. 즉 전도하는 분위기만 잡아도 교회로 몰려드는 효과가 있다. 더욱이 나가서 규칙적으로 전도하면 교회가 어느새 영적으로 하나가 된다. 목사님의 강단권이 강화된다. 강단설교가 힘이 있고 능력이 있고 소망이 넘친다. 교회도 너도나도 전도에 관심을 갖고 기도하며 어떻게 해서라도 전도하려는 움직임이 인다. 이렇게 전도는 나가면 무조건 유익이 있다.

둘째, 나가는 전도는 '아~주 많이! 자주! 좋게!' 만나야 성공한다.

나가는 전도의 가장 중요한 원리는 대상자를 **'많이 만나면 만날수록'** 좋다. 많은 사람을 접촉해야 전도 열매를 맺을 수 있다. 광고 효과를 보면, 전단지를 1,000장 신문에 뿌리면 1명에게서 전화가 온다고 한다. 그런데 사람이 전단지를 직접 붙이거나 전달하면 4배의 효과가 있다고 한다. 즉 전단지를 250장 붙이거나 전달하면 1명에게서 연락이 온다는 것이다. 그러나 사람을 직접 만나 이야기를 하면 10배 이상의 효과가 있다고 한다. 즉 10명을 만나 직접 이야기하면 1명이 예비신자가 된다는 것이다. 이것은 전단지를 전달하는 것보다 사람을 만나 직접 복음을 전달하는 것이 훨씬 효과가 크다는 것이다. 그러므로 직접 나가 사람을 많이 만날수록 초청 전도가 잘된다는 것이다.

또한 전도는 나가서 **'자주 만나면 만날수록'** 좋다. 전도는 규칙적, 반복적, 정기적, 주기적으로 하는 것이다. 더욱이 같은 장소, 같은 시간에 전도하는 것이 효과적이다. 무엇보다 한 사람당 평균 열 번은 만나 직접적으로 접촉해야 새신자를 얻을 수 있는 기회가 생긴다. 보험 설계사들도 주로 고객들을 평균 열 번 이상 접촉해야 수확을 얻고 보험왕이 된다고 한다. 나가자! 전도원리도 마찬가지다. 주기적으로 자주 나가야 열매가 있고, 평균 열 번은 만나야 전도의 열매가 나타난다.

또한 전도는 **'좋게 만나야'** 성과가 좋다. 즉 자주 만나면 좋지만, 그것도 만날 때 좋은 관계로 만나야 성과가 좋다는 말이다. 만약 사람을 만날 때 인상이 안 좋거나 관계가 서로 깨지면 더 이상 전도의 진도가 안 나갈 것이다. 그러므로 많이! 자주! 만나되, 좋게! 만나는 기술도 필요한 것이다. 그래서 **'얼굴 인상'**도 좋아야 하고, **'대화'**도 편안하게 잘해야 하고, **'관계'**도 잘하는 기술을 익혀야 상대가 마음을 열고 초청 전도에 흔쾌히 반응하게 된다. 이렇게 좋게 만나는 방법이 '웃음/축복/접대/초대'를 거치면 아주 효과적이다.

먼저 첫인상은 **'웃음'**이다. 웃은 얼굴에 침 못 뱉는다. 웃으면 복이 굴러온다. 웃는 얼굴에 마음이 열린다. 그래서 전도자는 첫인상 때 반드시 웃어야 한다. 다음 단계는 **'축복과 칭찬'**이다. 축복과 칭찬이 불신자와 만나 대화할 때 마음의 문을 열게 하는 최고의 방법이다. 그래서 전도자는 상대를 전폭적으로 칭찬하고 미래를 마음껏 축복해 주는 기술을 터득해야 한다. 마지막으로 좋은 관계는 **'대접과 경청'**이다. 상대와 좋은 관계를 맺는 사람은 자기 말을 많이 하기보다 상대의 말을 잘 들어주고 접대를 잘하는 사람이다. 먹을 때 화내는 사람이 있는가? 사랑하는데 화내는 사람이 있는가? 베푸는 것을 싫어하는 사람이 있는가? 한국 사람은 공짜라면 양잿물도 먹는다는 말이 있다. 그만큼 선물이든, 무엇이든 받는 것을 좋아한다는 것이다. 그래서 좋은 관계를 맺는 사람의 특징은 경청과 접대를 잘하는 사람이다. 그런 다음에 **초대**를 하면 전도 효과가 최고가 된다. **웃음/축복/대접/초대**의 순서를 거치면 놀라운 전도의 효과를 거둘 것이다.

셋째, 나가는 전도는 '전도자를 키워야' 실제적 열매가 나타난다.

아무리 계획을 잘 세워도 현장에 나갈 전도자가 없으면 아무 소용이 없다. 부흥하는 교회를 보면 항상 전도인이 있다. 현장에 나가 전도할 사람이 있고, 전도할 셀(구역)이 있고, 전도할 기관이 있고, 전도할 교육부가 있다. 한마디로 전도 중심의 시스템으로 교회가 움직이는 것을 볼 수 있다.

처음에 개척교회를 시작할 때는 **목사님과 사모님부터** 시작해야 한다. 규칙적으로, 주기적으로, 반복적으로 전도해야 한다. 또 모이는 것이 힘들 때는 가족과 지인들에게 도움을 요청해서 얼마 동안만이라도 도와달라고 해서 전도를 계속해야 한다. 가능한 큰 교회와 연결이 된다면 도움을 요청해 전도팀을 파송 받는 것도 좋은 방법이다. 더욱이 **전도 전도사**를 세우면 교회 부흥에 큰 도움이 될 것이다. 사례비가 문제가 된다면 형편에 맞게 광고를 해보라. 의외로 사명에 맞는 전도자가 올 것이다. 또 무사례로 전도해 줄 노전도사님이 있다면 놀라운 축복이다. 오히려 그런 전도사님들이 경험을 바탕으로 전도 폭발을 일으키는 것을 본다.

그러나 무엇보다도 나가자! 전도가 꾸준히 실행되기 위해서는 **평신도 전도자**를 길러야 한다. 대체로 교회 내에는 10~20%의 전도 은사가 있는 교인들이 있다. 교회는 이들을 선별해서 훈련하고, 전도 현장에 투입해 성장과 변화를 이루게 해야 한다. 또 교회에는 2년 이내에 등록한 초신자가 전도를 잘한다고 한다. 그것은 2년 이내의 초신자들이 불신자 친구가 많기 때문이다. 그렇기에 2년 이내 초신자들을 잘 훈련하여 전문적인 전도자로 키우는 것도 좋은 방법이다. 물론 오래된 기신자를 훈련해서 전문적인 전도자로 키우는 것은 당연한 이치이다.

이렇게 평신도 전도자를 키울 때 주요한 고려 사항은 **시간과 환경, 믿음의 정도**를 보아야 한다. 먼저 전도할 시간이 있어야 하고, 전도할 환경과 배경이 가능해야 하며, 믿음의 정도가 준비되어야 하는 것이다. 이런 사람을 잘 선별해서 전문적인 전도자로 세우면 교회는 분명 큰 부흥의 역사를 이룰 것이다. 따라서 전도 부흥의 관건은 전도의 일꾼을 잘 세우는 것이다.

마지막으로 전도자는 절대적으로 '**기도 운동, 성령 운동에 체험된 사람**'이어야 한다. 또한 '**오이코스 관계 전도를 잘 실행할 수 있는 사람**'이어야 한다. 즉 사람과 관계를 잘 이어가는 사람이어야 한다는 것이다. 친절 전도, 섬김 나눔 전도가 몸에 배어 있어야 한다. 더욱이 21세기는 영상을 통한 효과적인 전도가 필요한 시대이기 때문에 '**카톡 전도, 유튜브 전도, SNS 전도 등에도 능한 사람**'이 전도의 효율성을 높일 수 있을 것이다.

05.
찬양 부흥의 프로젝트

찬양이 살아야 교회가 부흥한다!

21세기 교회 부흥의 원동력은 찬양의 능력이다. 찬양이 살아야 교회가 산다. 침체된 교회의 특징은 찬양이 죽어 있는 것이다. 찬양이 늦고 느리다. 찬양에 은혜가 없다. 찬양 사역자도 없고, 찬양을 통한 성령의 임재가 부족하다. 성도들은 갈급한데 교회에 찬양 시스템이 부족하다. 찬양 교육도 부족하다. 찬양의 유익도 모른다. 찬양을 예배의 부속물로만 생각한다. 형식적 절차일 뿐이다. 이런 의식을 가진 교회는 절대로 부흥할 수가 없다.

그러나 부흥하는 교회는 찬양이 살아 있다. 찬양에 대한 관심이 우선적이다. 찬양이 빠르고 역동적이다. 활기차고 은혜가 넘친다. 찬양 사역자도 있고, 찬양을 통한 성령의 임재가 넘친다. 성도들도 찬양에 기뻐 뛰며 춤춘다. 더욱이 그 교회에 흐르는 찬양의 선곡이 전체적으로 공감을 얻는다. 찬양의 분위기, 찬양을 통한 성령의 임재가 자연스럽게 내재되어 기쁨으로 흘러넘친다. 준비된 찬양의 분위기이다. 찬양의 시스템이 잘 갖춰져 있다. 성도들이 찬양 때문에 교회 오고 싶어진다. 이것이 21세기에 부흥하는 교회들의 공통된 특징이다.

찬양의 의미를 깊이 새겨라!

예배 속에 찬양의 의미는 매우 중요하다. 성도들이 찬양의 의미를 깨닫지 못하면 절대 은혜를 받을 수 없다. 찬양은 예배의 가장 중요한 행위이다. 하나님은 찬양을 통해 영광을 받으신다. 찬양을 통해 우리 가운데 임재하신다. 축복하신다. 치료하신다. 평화를 내려주신다. 은혜 위에 은혜가 넘치게 하신다. 하나님은 찬양받기 위해 인간을 창조하셨다. 죄인 된 성도들을 구원하셨다. 교회는 찬양의 의미를 바로 깨달아야 은혜를 받는다. 성도도 찬양의 의미를 느껴야 성령의 기름 부으심이 함께한다.

찬양의 어원

구약에서 찬양은 **'할렐루야'**라는 단어에서 유래했다. 히브리어로 할렐(찬양하라), 루~(너희들아), 야(야훼)의 합성어로, '너희들아, 여호와를 찬양하라!'는 뜻이다. 신약에서는 헬라어로 **'유로기아'** 즉 찬송이란 뜻인데, 유(좋은), 로고스(말씀)의 합성어로 '좋은 말씀, 좋은 찬양, 좋은 봉헌, 좋은 기도'의 의미를 담고 있다. 그러므로 신구약 찬양의 유래는 선한 마음으로 하나님을 높이 찬양하고 기도하는 의미를 담고 있다.

또 **히브리서 13장 15절**에는 찬송은 제사(찬송=제사)라고 하는데, 그 의미는 찬송은 구약의 제사(예배)이고, 제사(예배)는 제물을 드리는 것이며, 그 제물은 성도의 헌금이라는 것이다. 따라서 예배를 드리는 것은 '제사(찬양)하며, 제물(헌금)을 드리는 것'이라고 정의할 수 있다. 그러므로 성경적 예배의 의미는 예배 가운데 찬양하며 헌금을 드리는 것이라고 설명할 수 있다.

찬양의 기원

성경의 역사를 보면 원래 찬양은 사탄이 맡은 역할이었다. 그는 루시엘 천사장으로서 일부 천사들과 함께 하나님 보좌 앞에서 찬양하다가 하나님께 반란을 일으켜 하늘에서 쫓김을 당했다. 그래서 하나님은 지구와 인간을 창조하사 타락한 천사들 대신 구원받은 사람들에게 이 놀라운 찬양을 담당하게 하셨다. 이것을 이사야 선지자가 이야기했고(사 43:21), 초대 교부 어거스틴도 그렇게 주장했다. 이것이 찬양의 유래이다.

찬양곡의 세 분류

클린트 보너는 찬양을 찬송가(Hymns), 복음찬송가(Gospel Hymns), 복음성가(Gospel Song)의 세 가지로 분류했다. 여기서 찬송가는 주로 찬송가 앞쪽에 위치해 성부와 성자와 성령께 직접적으로 드리는 찬송가를 말하고, 복음찬송가는 주로 찬송가 뒤쪽에 위치해 오랫동안 검증된 복음송으로 성부와 성자와 성령을 간접적으로 찬송하는 곡들이다. 예를 들어, "구주의 십자가 보혈로", "예수 사랑하심은" 등과 같은 곡들이다. 이것들은 이미 영광과 은혜의 깊이가 검증되었기 때문에 일반 찬송가에 수록되어 있다.

그러나 현대 복음성가는 다르다. 아직 검증되지는 않았지만 주로 전도용, 교육용, 부흥회용에 적합한 찬양으로 설득력과 호소력을 겸비하고 있다. 이 곡들은 하나님의 은혜와 감동과 감격을 주로 간증하는 노래들로서 일반 대중들의 창법과 비슷해서 쉽게 공감하게 하며 성도들의 신앙 성장에 큰 도움을 주기도 한다. 또 감각적으로 시대에 맞게 찬양하기 때문에 부담 없이 신앙고백을 찬양할 수 있다. 찬양 자체가 은혜로운 기도이고, 은혜로운 간증의 도구이다. 더욱이 청년들에게는 뜨거운 단결심과 사기 진작을 일으켜 온몸으로 헌신하게 하는 좋은 장점이 있다. 요즈음에는 한국교회에도 현대 복음성가가 예배 안에 깊숙이 들어와 실제로 은혜를 공유하고 있다.

그러나 현대 복음성가는 잘 분별할 수 있어야 한다. 신앙적으로 큰 도움을 주기도 하지만 복음성가의 잘못된 사용은 신앙을 세속화시키며 세상 음악의 한 일부로 생각하게 하기 때문이다. 그래서 우리는 전통적인 기독교 예배의 특징인 '경건성과 은혜성과 신비성'을 파괴하는 영성인지 아닌지를 잘 분별해야 한다. 현대 복음송이 내 마음에 든다고 무조건 따라 하다 보면 의지적 변화 없이 감성만 터치하는 세속적인 노래로 심취될 수 있다는 것을 명심해야 한다. 따라서 그 찬양이 나를 진정으로 변화시키고 있는 성령의 노래인지 내면의 깊이를 볼 수 있어야 한다.

또 복음송 작곡, 작사자들이 실력도 좋고 노래도 잘하는데, 그들의 생활이 문란하고 깊이 없는 영성 가운데 있다면 그 곡들은 오히려 우리 신앙을 차갑게 하는 독소가 될 수도 있다. 가사와 창법이 공감된다고 해서 다 좋은 찬양이 아니다. 그들의 진실성과 영성의 깊이를 봐야 한다. 또 인격적인 주님과의 만남 없이 부르는 찬양 가수의 노래는 일시적인 감성의 터치는 있을지 모르지만, 진정한 성령의 변화는 없다. 그러므로 복음송을 분별할 때는 작사가, 작곡가, 찬양 가수의 영성을 깊이 통찰하고 함께하는 복음성가가 되어야 할 것이다.

찬양 능력의 개선 방법(How-Praise Project?)

그렇다면 교회에서 찬양 능력의 개선 방법이 무엇인가? 찬양을 살려야 힘을 얻고 위로를 받고 영적 축복을 경험하며 부흥하는 교회가 될 텐데, 우리 교회는 어떻게 하면 찬양의 능력을 개선할 수 있을까?

첫째, '찬양의 시스템'을 개선하는 것이다.
찬양 능력을 개선하기 위해서는 시스템의 전환이 중요하다. 열악한 환경은 은혜를 떨어지게 한다. 영성이 환경을 지배하지만 너무 지치고 피곤한 환경은 영성을 받아들일 공간이 사라지게 한다. 따라서 찬양 능력도 찬양 시스템의 질(quality)을 높일 때 나타난다. 찬양의 분위기도 중요하다. 찬양의 환경도 중요하다. 찬양의 보조 도구들도 잘 완비되어야 찬양이 역동적으로 살아날 수 있다. 찬양 능력이 함께하기 위해서는 반드시 찬양 시스템을 점검해야 한다.

우선 찬양 시스템의 개선은 **'음향과 마이크'**이다. 찬양 가수들이 제일 먼저 교회에 와서 손보는 것이 음향과 마이크이다. 그것들이 그만큼 찬양 분위기를 주도하는 중요한 도구이기 때문이다. 교회 찬양 사역자들도 마찬가지이다. 음향과 마이크를 좋은 것으로 사용해야 한다. 퀄리티를 높여야 한다. 음향과 마이크만 좋아도 어느 정도 목소리를 커버할 수 있다. 더불어 교회에 음향을 잘 다루는 음향전문가가 있으면 금상첨화이다. 무엇보다 찬양팀은 음향과 마이크를 잘 점검하고 잘 다룰 수 있는 기술을 익혀야 한다.

두 번째 시스템의 변화는 **'악기팀'**의 개선이다. 악기팀이 충만하면 은혜가 넘친다. 옛날에는 피아노와 박수만으로 채워졌다. 그래도 은혜가 넘쳤다. 그러나 지금은 문화가 달라졌다. 음악적 수준도, 기대도 높아졌다. 아날로그 시대에서 디지털 시대로 바뀌었기 때문에, 이제는 온갖 악기를 다 동원하여 기뻐 뛰며 춤을 추면 놀라운 성령의 역사를 경험할 수 있다. 요즈음에는 신시사이저도 다양한 프로그램을 가미하기에 좋은 연주자가 있으면 은혜의 수준을 놀랍게 드높일 수 있다. 드럼도 한몫을 담당할 것이다. 드럼의 기술에 따라 전체적인 영적 분위기가 달라진다. 물론 무조건 흥분적인 요소의 악기만 필요한 것이 아니다. 바이올린, 플롯, 심벌즈, 기타 등 다양한 악

기들이 우리의 감성을 흔들어 놓을 것이다. '경건성, 은혜성, 신비성'
의 범주 안에서 악기들을 잘 선용하면 깊은 예배의 영성을 경험하
게 될 것이다.

셋째는 찬양 인도자와 찬양팀의 **'노래 자질**(quality)**'** 개선이다. 어
느 작은 교회 부흥회에 갔을 때 찬양 인도자가 괴성을 지르며 찬양
하는 것을 보았다. 정말 은혜가 안 되었다. 음, 박자, 소리가 다 제각
각이고 그냥 소리만 지르는 찬양이었다. 그때 생각하기를, 저렇게 하
려면 차라리 안 하는 것이 낫겠다 싶었다. 필자도 개척 때부터 부족
한 일꾼을 대체해서 그 마음을 알기에 웬만하면 이해해 주는데, 그
때는 정말 하나님도 안 기뻐하실 것이란 생각이 들 정도였다.

찬양은 찬양 은사가 있는 자가 맡아야 한다. 기본적으로 노래를
잘해야 한다. 노래 성량이 준비되지 않은 찬양은 듣기 거북하다. 박
자 관념도 없는 인도자는 찬양을 인도할 자격이 없다. 용기만 있다
고 되는 것이 아니다. 기본적 은사와 자질을 갖춘 자가 찬양팀을 맡
아야 은혜가 넘친다. 만약 노래 실력이 부족하면 연습을 많이 해야
한다. 자주 부르고 음감도 익히고 노력하는 수밖에 없다. 무조건 기
도만 하면 다 된다고 생각해 목소리도 안 좋은데 목을 더 혹사하면
찬양할 때 괴물 같은 목소리가 나온다. 절대 이러면 안 된다. 찬양
은 목이 생명이다. 잘 쉬어줘야 하고, 찬양곡에 익숙하도록 연습을
많이 해야 한다. 노래 실력이 부족하다 느끼면 연습밖에 없다. 연습
은 할수록 실력이 는다. 그러므로 찬양 인도자는 반드시 노래 실력
을 향상시켜야 하는 사명이 있다.

둘째, '찬양팀의 영적 능력'을 기르는 것이다.

찬양은 시스템만 개선한다고 되는 것이 아니다. 찬양은 영적 노래의 파장이다. 찬양은 성령의 역사이다. 그러므로 찬양은 영적 능력이 수반되지 않으면 아무리 노래를 잘해도 소용없다. 성령의 역사가 임해야 기적이 나타나고 변화가 나타나며 능력이 나타나는 것이다. 따라서 성령의 역사가 임하는 찬양은 찬양팀의 영적 능력에 달려 있다.

더욱이 찬양은 찬양 인도자와 찬양팀의 영성이 성도들에게 그대로 전이된다. 그들이 느끼고 은혜받은 대로, 그대로 성도들도 함께 느끼고 은혜받는다. 대충 하면 대충 은혜받는다. 눈물 흘리며 찬양하면 성도들도 눈물 흘리며 은혜받는다. 그러므로 찬양 인도자와 찬양팀은 찬양을 부르기 전에 먼저 기도를 많이 해야 한다. 성령의 충만함이 넘쳐야 한다. 은혜가 넘쳐야 한다. 내게 은혜가 되지 않는데 어떻게 찬양으로 은혜를 끼칠 수 있겠는가? 내게 성령 충만함이 없는데 어떻게 찬양으로 성령 충만의 역사를 일으키겠는가? 할 수 없다. 내가 먼저 은혜를 받아야 한다. 내가 먼저 성령 충만해야 한다. 내가 먼저 변화되어야 한다. 그래야 성도들도 변화와 성장을 이루는 것이다. 그래서 찬양팀은 언제나 기도로 준비하고, 자신의 영적 상태를 늘 철저하게 점검해야 하는 것이다.

셋째, 찬양의 능력은 '선곡의 능력'이다.

찬양은 인도자가 어떤 곡을 준비하느냐에 따라 찬양을 통한 성령의 임재와 분위기가 확연히 달라진다. 아무리 노래를 잘하고 아무리 기도를 많이 한다 해도, 찬양 선곡이 교회와 성도들과 예배 분위기에 맞지 않으면 성령의 역사는 힘들다. 성령님도 은혜를 주고 싶어도 말씀을 타고 역사하는 속성상 방법이 없다. 그러므로 찬양 인도자는 선곡을 잘해야 한다. 그 가사와 음률이 성도들과 맞아야 한다. 내 눈높이가 아니라 성도들의 눈높이여야 한다. 계층의 상태도 고려해야 한다. 영적 수준도 고려해야 한다. 그래서 교회와 성도들의 수준에 따라 클래식과 모던의 조화, 노인층과 젊은층의 조화, 빠른 곡과 느린 곡의 조화, 가벼운 곡과 깊은 곡의 조화 등등 찬양 선곡의 시간을 충분히 고려하고 철저히 준비해야 한다.

한 가지를 추천한다면 **성막 제사법의 스타일로 찬양을 선곡**하면 자연스럽게 은혜가 넘칠 것이다. 먼저 **'성막 뜰의 찬양'**이다. 성막에 진입하면 제일 먼저 밟는 땅이 성막 뜰이다. 이곳에서 제사장과 평신도가 함께 제사를 준비한다. 양과 소를 잡고 제물을 준비하는 곳이다. 이때는 예배의 출발로 마음의 문을 여는 시간이다. 그러므로 첫 찬양은 소통하고 함께할 수 있는 가볍고 빠른 곡들로 시작하는 것이 좋다. 처음부터 너무 무겁고 깊이 들어가면 마음의 준비가 덜 되어 있는 상태에 분위기가 내려앉을 수 있다.

두 번째는 **'물두멍의 찬양'**이다. 성소 앞에 놓인 물두멍은 제사장이 제물을 번 제단에 올려놓기 전, 또는 성소에 들어가기 전에 반드시 손발을 씻고 몸을 정결케 하는 청동제 놋대야이다. 이것은 하나님 앞에 나아갈 때 우리를 정결케 하고 거룩하게 하는 회개의 시간을 의미한다. 따라서 물두멍의 찬양은 회개의 찬양, 내려놓는 찬양, 자아를 깨뜨리는 찬양, 세상을 버리는 찬양, 마음이 청결한 찬양, 심령이 가난한 찬양 등이 좋다.

셋째는 '**번제단의 찬양**'이다. 번제단은 제물을 올려놓는 시간이다. 용서와 사죄의 시간이다. 십자가에서 몸을 찢기시고 피 흘리신 은혜의 시간이다. 이때는 보혈 찬양을 많이 하는 것이 좋다. 더욱이 이 시간에는 예수님의 찬양과 구속의 감사와 기쁨이 어우러져 있는 것이다. 이때는 예수 생명, 예수 은혜, 예수 기쁨, 예수 능력, 예수 평안, 예수 치유를 찬양하는 시간이다.

넷째는 '**성소의 찬양**'이다. 성소에 들어가면 대표적인 세 개의 성소 기구가 있다. 오른쪽에는 열두 개의 떡 상이 있고, 왼쪽에는 일곱 개의 금 촛대가 있다. 그리고 지성소 휘장 앞에는 분향단이 있다. 주로 제사장이 봉사하는 곳이다. 열두 개의 떡 상은 예수님의 말씀을 상징하고, 금 촛대는 예수님의 빛을 상징하며, 분향단은 기도를 상징한다. '성소의 찬양'은 이제 구원의 은혜를 뛰어넘어 헌신과 충성과 기도와 간증과 성결과 거룩한 삶을 고백하는 찬양의 시간이다. 하나님 나라와 의를 구하며 교회 부흥과 헌신적 기도와 축복과 간증이 넘치는 찬양의 시간이다.

다섯째, 마지막으로 '**지성소의 찬양**'이다. 지성소는 법궤가 있는 곳으로, 대제사장이 1년에 한 번 들어가 하나님의 영광 앞에 경배와 찬양을 올려드리며, 백성들을 대표해 사죄 기도를 드리는 곳이다. 즉 이곳은 하나님의 임재와 영광과 거룩함과 존엄함의 장소이다. 물이 바다를 덮음같이 여호와의 영광으로 뒤덮이는 곳이다. 그러므로

'지성소의 찬양'은 헌신과 충성을 뛰어넘어 주님의 충만한 임재를 체험하며 모든 영광을 주님께 올려드리는 헌신의 시간이며, 거룩한 임재 앞에 평화와 안식과 겸손과 영광의 잔을 높이 드는 시간인 것이다.

06.
교제 부흥의 프로젝트

교제가 넘치면 교회는 자연히 부흥한다!

교제는 교회생활의 가장 기본적인 신앙의 본질이다. 교제가 없는 교회는 참된 교회라고 할 수 없다. 그리스도의 몸 된 교회 공동체는 성도가 연합하여 아름답고 선하며 은혜로운 교제를 하는 곳이다. 초대교회도 서로 교제하고 떡을 떼며 오로지 기도하기를 힘쓸 때 놀라운 부흥의 역사를 구축하였다(행 2:42). 교회 부흥의 원동력은 교제와 기도이다. 교제와 기도가 살아야 폭발적으로 부흥한다. 자연히 날마다 구원받는 자의 수가 더해진다. 숯불 하나는 약하지만 여러 개가 모이면 강한 불이 된다. 마찬가지로 성도가 혼자 신앙생활을 할 때는 견디기 힘들지만, 여러 명이 모여 교제하고 기도하면 자연히 놀라운 능력과 폭발적인 힘이 나타난다. 이것이 초대교회 부흥의 성장 원리였다.

교제는 주로 부부 사이와 친구 사이에 사용되던 단어였다. 그러나 교회 공동체가 만들어지면서 성도들 사이에서도 아름답게 사용되었다. 예수님도 3년 6개월 공생애 사역 동안 제자들과 동고동락 동숙하며 교제의 본을 보여주셨고, 무리에게 가르칠 때도 항상 교제 공동체를 이루며 아름다운 사랑의 관계를 형성하셨다. 마지막 성만찬 때도 떡과 포도주를 나누고 교제하며 십자가를 준비하셨고, 부활 후에도 교제와 식사를 하시며 베드로에게 다시금 사명을 부여해 주셨다. 오늘날도 여전히 성도의 교제는 교회 부흥의 큰 발판이 되며, 자연적 교회 성장의 원동력이 되고 있다.

교제 잘하는 사람의 특징

특별히 성경적으로 보면 칭찬과 존경과 덕망이 있는, 교제를 잘하는 사람의 특징이 있다. 첫째는 **상대를 존중하고 배려하는 사람**이다. 인간관계를 쉽게 생각하지 않는다. 사회생활을 하다 보면 남의 돈 벌기가 쉽지 않다. 그것을 깨달은 사람은 고객을 위해 간도 쓸개도 다 빼주며 서비스와 아량과 역량을 다 쏟아붓기 때문에 성공하는 것이다. 인간관계도 마찬가지다. 상대를 존중하고 배려한다. 뒷담화하지 않고 칭찬을 많이 한다. 생색내지 않고 상대 덕분이라 한다. 그러면 상대도 신뢰와 믿음이 생기며 마음을 열고 아름다운 대화를 개시하는 것이다.

둘째는 **입은 닫고 귀는 활짝 여는 사람**이다. 경청을 잘하는 사람이다. 듣기는 속히 하고 말하기는 더디 하는 사람이다. 21세기는 자기 말 하는 것을 좋아하고 남의 말 듣는 것은 싫어한다. 오히려 역으로 내가 남의 말을 잘 들어주면 상대는 기뻐 뛰며 자신의 말을 잘 들어주어 고맙다고 할 것이다. 그리고 다음에 또 만나 이야기하자고 할 것이다.

셋째는 누군가의 **호의를 당연하게 생각하지 않는 사람**이다. 은혜는 은혜로 갚는 것이다. 돈 빌린 것은 쉽게 잊어버리고, 빌려준 것은 끝까지 추궁하고 섭섭해하면 그 사람은 좋은 교제를 할 수 없다. 소자에게 받은 냉수 한 그릇이라도 소중하게 생각하고 감사하며 보답하는 마음을 가진다면, 그 사람은 더 큰 축복과 아름다운 관계를 이어가게 될 것이다. 그런 사람에게는 사람도 붙고, 일도 붙고, 성공도 자연히 찾아올 것이다.

넷째는 **시간을 함께 나누는 사람**이다. 시간 관리도 능력이다. 그 소중한 시간을 이 사람과 함께 꾸준히 오랫동안 나누고 공감하며 동고동락한다면, 그 사람은 분명히 끊을 수 없는 관계가 되며, 고난도 역경도 어려움도 함께 극복하는 능력을 배양할 수 있을 것이다. 결국 좋은 교제는 상대와 얼마나 시간을 함께하느냐에 달려 있다고 해도 과언이 아닐 것이다.

다섯째는 **단점보다 장점을 보는 사람**이다. 교제에서 가장 중요한 방법이다. 사람은 누구나 다 장단점이 있다. 그런데 단점을 많이 보는 사람은 결코 교제를 오래 나눌 수 없다. 서로 사랑하면 뭔가가 눈을 가려서 단점이 보이지 않는다고 하지 않는가. 단점을 보는 순간 사랑은 식어간다. 실망하고 좌절한다. 그 관계는 길게 지속될 수 없다. 좋은 교제도 마찬가지이다. 상대의 단점보다 장점을 보는 훈련을 해야 긍정적인 생각으로 좋은 교제를 나눌 수 있다.

교제 부흥의 프로젝트(How-Fellowship Project?)

그러면 어떻게 하면 교회 안에서 교제를 풍성히 하며 교회 부흥의 원동력을 이룰 수 있겠는가? 먼저 교제는 '영적인 교제'와 '인간관계의 교제'가 있다. 이 두 가지를 푸는 것이 교회 부흥의 초석이 될 것이다.

첫째, 교회 교제에는 '영적인 교제'가 있다.
교회 교제의 가장 중요한 신앙 행위는 먼저 위로부터의 교제, 영적 교제이다. 영적 교제가 먼저 잘 이루어져야 교회 공동체가 살아나고 은혜가 충만할 수 있다.

영적 교제에서 가장 중요한 첫째는 **'예배의 교제'**이다. 그것은 하나님과의 수직적 교제를 말한다. 즉 성도들이 교회에 힘써 모여 예배를 정기적으로 하나님이 기뻐하시는 산 제사로 드릴 때 그것을 영적 교제라고 표현한다(롬 12:1). 다시 말해, 영적 교제는 예배이고, 예배는 하나님과 교제하는 것이다. 더욱이 성도들이 예배를 잘 드리면 하나님과도 깊은 교제를 나누지만, 성도들끼리도 끈끈한 영적 교제를 나누게 되는 것이다.

또한 **'성만찬 교제'**가 영적 교제의 한 방편이다. 성만찬은 십자가로 하나 되는 거룩한 예식이다. 성도는 성찬을 통해 주님과의 관계가 회복되며, 그것은 성령의 임재와 능력을 경험하는 통로가 된다. 용서와 화해와 사랑과 치유를 성령 안에서 경험하게 된다. 더욱이 성도는 함께 성찬을 나누며 영적 가족으로 하나 됨을 느낀다. 한 피를 받아 한 몸을 이룬 형제와 자매의 관계를 형성하는 것이다. 따라서 성만찬 교제는 이 세상의 가장 아름다운 영적 교제의 모습이다.

또한 **'기도 교제'**가 영적 교제의 한 방편이다. 기도는 하나님과 대화하는 것이다. 기도는 하나님의 뜻을 깨닫고 응답받고 축복받는 통로이다. 성도는 기도를 통해 하나님께 가까이 나가며 친밀한 관계를 형성하는 것이다. 더욱이 기도의 교제를 하면 성도가 서로 연합하고 사랑하는 힘이 생긴다. 기도 제목을 함께 나누고 기도할 때 더욱 빠른 응답과 치유와 회복을 경험하기 때문이다. 그러므로 기도의 교제는 믿음 안에서 영적 교제를 한층 더 끌어올리는 계기가 되는 것이다.

둘째, 교회 교제에는 '인간관계의 교제'가 있다.
이것은 수평적 교제이다. 수평적 교제는 사람과의 관계이다. 그것이 가정이든, 교회든, 직장이든, 국가든, 모든 공동체의 모습은 '관계성'으로 이뤄진다. 서로 관계를 하며 공동체를 이룬다. 따라서 교제 지수를 높이기 위해서는 관계 지수를 높여야 한다. 나 혼자 잘났다고 하는 사람은 교제를 못하는 사람이다. 더불어 사는 인성을 길러야 한다. 더불어 사는 관계 교제를 잘하기 위해서는 몇 가지 기술이 필요하다.

먼저 관계 교제는 '**대화의 교제**'를 잘하는 것이다. 관계는 대화이다. 대화를 잘 못하면 관계도 깨진다. 대화가 잘 풀리면 관계도 좋아진다. 나와 잘 맞는다고 생각한다. 기질도 성격도 성향도 다 맞는다고 생각한다. 그 시작이 대화가 술술 풀리는 것이다. 그래서 관계 교제는 대화의 교제를 잘하는 것이다. 대화를 잘하려면 먼저 3:2:1의 대화 법칙을 따르면 된다. 3번 들어주고, 2번 맞장구치고, 1번 말하기 법칙이다. 이 법칙을 잘 지키면 사람과 대화를 잘할 수 있다.

또한 관계 교제는 '**식탁의 교제**'를 잘하는 것이다. 예수님도 가는 곳마다 식탁의 교제를 하셨다. 오병이어 집회도 식탁의 집회였다. 베다니 나사로의 집도 식사 공동체였다. 베드로 장모 집 심방도 식사 접대였다. 삭개오의 초청도 식사 접대였다. 아브라함의 교제도 나그네 식사 접대였다. 현대교회도 "목회는 먹회다"라는 말이 있다. 목회가 먹는 것만 잘해도 성공한다는 말이다. 교회도 식탁의 교제만 잘해도 자연히 부흥 성장한다는 것이다. 교제는 식사 접대만 잘해도 관계가 원활하게 돌아간다. 이것은 식사를 통해 서로 존중하며, 잘 먹고, 잘 대화하고, 잘 사랑하는 도구가 된다는 것이다.

또한 관계 교제는 '**봉사의 교제**'를 잘하는 것이다. 같이 봉사하면 교제가 돈독해진다. 서로 같은 일과 같은 봉사를 하면 하나 됨과 연합과 일치를 이룬다. 더욱이 함께 봉사하며 교제하는 가운데 신앙도 성장하고 변화되는 역사가 나타난다. 봉사 교제는 교회 공동체의 은혜로운 교제의 모습이다. 이런 아름다운 교제의 모습을 통해 교회도 사역의 영적 수준을 높이고 부흥의 역사를 만들어가는 것이다.

또한 관계 교제는 **'간증의 교제'**를 잘하는 것이다. 간증의 교제는 생활 속에서 우리 믿음의 간증이 어떻게 나타났는지 서로 나누는 교제이다. 특별히 성도가 한자리에 모여 서로 말씀을 함께 나누고 간증의 교제를 하면 무엇보다도 강한 영적 일체감을 느낀다. 더욱이 셀(구역)에서 정기적으로 모여 말씀을 통해 서로 간증하고 은혜를 나누면 정말 가족처럼 서로를 위해 기도하고 사랑하는 교제 공동체가 되는 것이다. 이것도 아름다운 교제의 모습이다.

또한 관계 교제는 **'유기적 교제'**를 잘하는 것이다. 유기적 교제란 말은 전체를 구성하는 각 지체가 서로 협력하여 하나 됨을 만들어 간다는 의미이다. 교회 교제는 유기적 관계를 잘해야 건강하고 튼튼한 공동체를 구축한다. 그것은 각 지체가 서로 비교하고 차별하는 것이 아니라 이해하고 존중하며 화합하는 것을 말한다. 내가 방언을 좀 한다고 못하는 사람을 차별하면 안 된다. 내가 지식이 많다고 없는 사람을 차별하면 안 된다. 내가 물질이 많다고 없는 사람을 차별하면 안 된다. 병든 공동체는 서로 비교하고 시기 질투하며 싸우는 공동체이다. 그러나 건강한 공동체는 서로 보완해 주고, 세워주고, 채워주며, 화합하는 공동체인 것이다. 더불어 교제를 잘하는 성도는 유기적 교제를 잘하는 사람이다.

또한 관계 교제는 '**섬김의 교제**'를 잘하는 것이다. 이것은 예수님의 '축복의 황금률'에 잘 나타나 있다. 내가 먼저 섬기면 더 많은 축복과 섬김을 얻는다는 것이다. 예수님은 으뜸이 되고자 하는 자는 먼저 섬기는 자가 되어야 한다고 말씀하셨다. 냉수 한 그릇이라도 소자를 섬기는 자는 결단코 상을 잃지 않을 것이다. 섬기는 것이 축복이고 은혜이다. 섬기는 것이 나도 살고 공동체도 살리는 것이다. 섬기게 되면 그 조직이 역동적으로 살아나고 발전하게 된다. 섬김은 좋은 관계를 형성하는 가장 중요한 핵심 가치이다.

마지막으로 관계 교제는 '**사랑의 교제**'를 잘하는 것이다. 결론적으로 교제 능력은 사랑의 능력이다. 사랑의 교제가 풍성한 교회는 자연히 부흥, 성장한다. 초대교회가 그랬고, 지금도 여전히 그러고 있다. 이것은 교회 교제의 풍성함이 한마디로 사랑이 넉넉한 역사라는 것이다. 즉 '교제는 사랑'이라고 할 수 있다. 사랑이 없는 교제는 참된 교제가 아니고, 이기심과 교만함과 미움이 가득 찬 거짓 교제의 모습이다. 그 마지막은 결국 불행의 말로를 걷게 될 것이다.

한국교회는 지금 심각한 교제의 위기를 맞고 있다. 세상 사람들에게 희망을 주지 못하고 있다. 불신자들은 우리 그리스도인들을 그냥 말쟁이라고 한다. 자기들끼리만 모이고, 건물만 크게 짓고, 기도 소리만 요란하다는 것이다. 사회를 위한 행동은 아무것도 하지 않는다는 것이다. 물론 꼭 맞는 말은 아니지만 세상이 교회를 바라볼 때 이처럼 부정적 평가로 나락에 떨어져 버렸다. 왜 그런가? 사랑의 부재 때문이다. 교회가 사랑의 결핍으로 인해 이기적 공동체의 모습만 보여주었기 때문이다.

이제 한국교회는 교회 안팎으로 '사랑의 교제'가 회복되어야 한다. 바다는 2~3%의 소금물이 있기에 건강한 대양을 이룬다고 한다. 한국교회가 성도의 비율이 25%에 육박하는데도 사회에 아무런 영향력을 끼치지 못하는 이유는 참된 사랑의 교제를 나누는 성도가 2~3%도 안 되기 때문이라는 것이다. 우리는 사랑의 교제를 많이 한다고 외치지만 실제로 불신자들은 기독교의 사랑을 체감하지 못하기 때문에 기독교를 비판하는 것이다. 한국교회는 사랑의 손길을 더 뻗어 나가도록 노력해야 한다. 그들이 인정할 때까지 조건 없이 그리스도의 사랑을 전하는 모습을 보여주어야 한다.

그러기 위해서 지역교회들은 지역사회로 눈을 돌려야 한다. 섬김과 나눔과 사랑의 교제를 적극적으로 수행해야 한다. 예를 들어, 노인 노숙자, 소년소녀가장, 독거노인, 불우이웃, 가난한 장학생 등을 돕는 프로젝트를 가동해야 한다. 또 지역 문화 교실, 지역주민을 위한 쉼터 제공, 이웃돕기 바자회, 지역 다문화 이웃돕기, 공장 근로자 돕기, 병원 환자 돕기 등, 지역사회와 함께하는 프로젝트를 많이 가동해야 한다. 교회가 지역사회에 봉사하는 사랑의 느낌이 퍼진다면 전도의 역사도 편만하게 이루어질 것이다.

이것은 교회 내에서도 마찬가지이다. 성도 간에 사랑의 교제가 절대적으로 회복되어야 한다. 교회는 사랑의 공동체이다. 교회가 서로 사랑하면 저절로 부흥, 성장한다. 교회 부흥의 절대적 비결은 사랑의 교제가 충만한 역사이다. 만약 교회에 참된 사랑이 없으면 있는 교인도 나갈 것이다. 교회가 피폐해지고 분열되며 파괴적이 될 것이다. 결코 부흥할 수 없을 것이다. 이것이 사랑의 교제를 중요하게 생각하는 까닭이다.

그런데도 한국교회는 진리라는 미명으로 너무나도 많은 분열과 갈등을 조장해 왔다. 교회 문제도 교회 내에서 정화되고 개혁되어야 하는데 조금만 문제가 불거지면 모두가 다 세상의 법정으로 나가 시시비비를 가리는 우스꽝스러운 일이 벌어지고 있다. 그러다 보니 하나님 영광도 가리게 되고, 교회의 덕도 세우지 못하며, 세상 사람들로부터 손가락질을 받는 현상이 나타났다. 이제 한국교회는 교회 내에서도 분열과 갈등을 멈추어야 한다.

예를 들어, 목사와 장로의 갈등, 성도와 성도의 갈등, 원로목사와 담임목사의 갈등, 기신자와 초신자의 갈등, 장년과 청년의 갈등, 각 기관 간의 갈등, 사역의 충돌과 갈등 등 미성숙한 모습을 버리고 성숙한 사랑의 모습으로 하나 되는 본을 보여주어야 한다. 우리는 더욱더 사랑으로 하나 되어야 한다. 더욱더 사랑의 모습을 보여주어야 한다. 이것이 교회 부흥의 해답이다. 그러므로 한국교회에 다시 사랑의 혁명운동이 일어나 구겨진 교회의 자존심도 회복하고, 무너진 전도도 회복할 수 있어야 할 것이다.

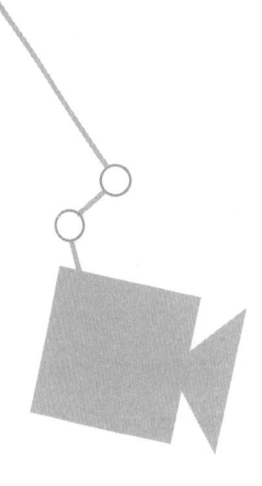

07.
성령 사역 부흥의 프로젝트

교회 부흥은 성령의 역사이다!

21세기는 성령의 시대이다. 오순절 사건 이후 성령이 강림함으로 교회가 불 일 듯이 일어났고, 지금도 여전히 성령의 역사는 계속되고 있다. 보통 성령의 인격성을 이야기할 때 크게 네 가지로 표현한다. **'거룩함의 영, 진리의 영, 은사의 영, 상담의 영'**으로 정의할 수 있다.

여기서 '거룩함의 영'이란 성령의 역사는 반드시 거룩한 삶으로 나타난다는 것이다. '진리의 영'은 성령의 어떤 기적도 말씀을 절대 떠나지 않는다는 것이다. '은사의 영'은 성령이 교회 부흥과 하나님 영광을 위해 각종 은사와 재능, 기질과 성품을 아름답게 부어주신다는 것이다. 마지막으로 '상담의 영'(the Comforter, the Counselor)은 보혜사 성령의 사역으로서 성령이 성도들을 구원하시고, 위로해 주시고, 기도해 주시고, 치유해 주시며, 변화와 성장을 일으켜주신다는 것이다.

특별히 교회가 부흥되기 위해서는 이와 같은 성령 운동 사역이 필요한데, 그것은 바로 성령의 기름 부으심과 성령의 충만함을 받을 때 나타나는 현상이다. 즉 교회는 성령의 다양한 은사와 연결되고 유기적 연합을 이룰 때, 하나님이 영광을 받으시며 폭발적인 교회 부흥의 역사가 나타나는 것이다.

성령 사역이 교회 부흥의 원동력이다!

교회가 부흥하는 것을 보면 성령 충만한 역사, 은사 충만한 역사가 탁월하게 나타나는 것을 볼 수 있다. 큰 교회일수록 성령의 능력이 크게 나타난다. 물론 큰 교회일수록 교회 인재들이 많으니 당연하게 여길 수 있다. 반면 작은 교회일수록 교회 인재들이 적고 성령의 능력이 부족하니 지치고 무력해지는 경향도 흔히 존재한다고 말할 수 있다. 그러나 엄밀히 이야기하면, 큰 교회 작은 교회 따질 것 없이 성령 운동이 일어나지 않으면 그 교회는 결국 쇠퇴할 것이며, 점점 무기력해질 것이다. 더욱이 아무리 작은 교회라 할지라도 성령 사역이 풍성한 교회는 다목적으로 일당백의 역할을 하기에 더욱 힘 있고 능력 있는 교회로 성장 변화될 것이다.

그러므로 교회 부흥은 성령의 능력에 따라 좌우된다. 기도의 능력, 구제의 능력, 지혜의 능력, 믿음의 능력, 찬양의 능력 등 각종 성령 은사의 능력이 강한 교회가 될 때 교회는 자연히 부흥하는 것이다. 여기에다 받은 강한 성령의 은사들을 교회에 적절히 사용할 때 교회에 하나 되며 놀라운 부흥의 역사를 일으키게 된다. 교회에 성령의 능력이 함께하면 사람도 변화된다. 성도들도 예수의 제자가 된다. 하나님 말씀에도 전적으로 순종한다. 영권, 물권, 인권, 언권도 회복된다. 그래서 성도는 반드시 성령이 기름 부어주시는 은사의 능력을 받아야 하는 것이다.

성령 사역 부흥의 프로젝트(How-Holy Spirit Ministry Project?)

일반적으로 성령 부흥 운동의 사역은 두 가지로 설명된다. 성령의 은사와 성령의 열매이다. **성령의 은사**는 성경에 주로 50여 개의 목록으로 열거하고 있고, **성령의 열매**는 아홉 가지 성품이 있다. 어떤 목회학자는 우리가 가진 재능과 기질과 열매들을 다 합치면 성령의 사역이 200개가 넘는다고 말하기도 한다. 성령 운동 사역은 다양하나 성령은 하나이시다. 결국 모든 성령의 사역은 오직 성령을 통해 기름 부음을 받는 것이다.

그중에서도 고린도전서 12장을 보면 아홉 가지의 대표적인 은사가 있다. 지혜의 은사, 지식의 은사, 믿음의 은사, 병 고치는 은사, 능력 행함의 은사, 예언의 은사, 영들 분별함의 은사, 방언의 은사, 방언 통역의 은사들이 있다. 고린도전서 13장에는 사랑의 은사까지 첨가하고 있다. 우리가 이런 성령의 은사들을 능력 있게 받게 되면 교회 부흥을 위해 사용되고, 또 성령의 폭발적인 능력이 임하며 기적과 이적을 체험하는 것이다.

또 성령을 받으면 갈라디아서 5장 22-23절에 있는 성령의 열매도 인격적으로 맺혀진다. 즉 성령을 받으면 성품도, 인격도 변화된다. 교회도 변화된다. 사람도 변화된다. 인격이 거룩해진다. 마음의 치유가 일어난다. 지혜의 영감이 넘친다. 한마디로 우리 인생이 성령이 주시는 한 방으로 끝난다. 성령으로 만사형통하게 된다. 그렇다면 우리는 어떻게 성령 운동 사역의 능력을 받고 체험할 수 있겠는가?

첫째, '영감 있는 예배'를 통해 성령 사역의 능력이 임한다.
예배는 성령 충만함의 최고 훈련이다. 예배의 성공은 인생의 성공이고, 예배의 실패는 인생의 실패이다. 우리가 예배드릴 때 성령이 타고 들어와 각종 은사를 집어넣는다. 예배 중에 치료의 영이 임한다. 예배 중에 성령의 능력 행함이 임한다. 예배 중에 지혜의 영이 임하고, 방언이 임하기도 한다. 성령의 능력은 강력한 임재 예배를 통해 나타난다. 그러므로 로마서 12장 1절을 보면 너희 몸을 하나님이 기뻐하시는 거룩한 산 제물로 드리라고 했다. 예배는 온전히 드려야 한다. 집중하여 몸과 마음과 뜻과 정성을 다하여 드려야 한다. 그때 성령의 기름 부으심으로 각종 은사가 임하는 것이다.

둘째, '열정적인 기도'를 통해 성령 사역의 능력이 임한다.
예를 들어, 대체로 방언의 은사, 통변 예언의 은사, 신유의 은사, 믿음의 은사, 지혜의 은사, 영 분별의 은사 등은 강력한 기도를 할 때 나타난다. 또한 이런 성령의 은사들은 앞으로 사역의 능력을 가

늘하는 중요한 척도가 된다. 그래서 우리는 성경의 말씀대로 기도할 때 간절한 기도(눅 18:1-8), 구체적인 기도(마 7:7-11), 믿음의 기도(막 11:23-24), 주님의 뜻대로 하는 기도(요일 5:14-15), 감사의 기도(살전 5:16-18)를 통해 응답과 치유와 능력을 경험하며 사역의 능력을 충전하는 것이다. 기도하면 성령이 역사하신다. 각종 은사를 부어주신다. 놀라운 능력이 임한다. 사역의 방향을 이끌어주신다. 그리고 반복적인 기도의 훈련을 통해 성령의 조명하심과 사역의 능력이 계속 선순환되며 교회도 성장 부흥하게 된다. 그러므로 쉬지 말고 기도해야 성령 사역의 부흥이 일어나는 것이다.

셋째, '경건한 묵상 훈련'을 통해 성령의 능력이 임한다.
이것은 성도들이 묵상 훈련을 할 때 성령의 기름 부으심이 함께하며 지혜의 은사, 말씀의 영감, 결단과 순종의 역사 등이 일어나는 것을 말한다. 먼저 경건한 묵상에는 **'QT 묵상 훈련'**이 있다. 우리나라에서도 많이 실행하고 있는 방법이다. 규칙적이고 지속적인 말씀 묵상과 기도의 큐티를 통해 성령의 조명하심과 능력이 부드럽고 깊게 임함으로 우리는 성령 사역의 방향과 사명감을 구체적으로 깨닫게 된다.

다음은 **'경건 서적의 정독'**(Lectio-Divina)이 경건한 묵상의 한 방법이다. 즉 경건한 서적을 통해서도 성령의 기름 부으심을 경험한다. 이것은 성경 이외에도 기독교 서적과 고전과 여러 경건의 서적을 통해서도 우리는 인격이 변화되고, 성령의 능력이 전이되는 역사를 경험하며 사명감도 깨닫게 되는 것을 말한다.

또한 은혜받은 한 단어나 구절을 명상하는 **'깊은 명상'**(Meditation)을 통해 성령의 조명하심을 받을 수 있다. 또 주기도문, 사도신경, 성경 구절 암송 등을 반복적으로 새기는 **'의식 기도'**(Oratio)를 통해 성령의 기름 부으심이 임하기도 한다. 더욱이 자기를 비우고 버리고 주님을 바라보는 **'관상기도'**(Contemplatio)를 통해서도 성령의 조명하심을 받기도 한다. 그때 성령의 역사가 내 안에 텅 빈 충만함으로 나타나는 것이다. 우리는 이런 방법을 통해 성령 충만함을 받고, 사명을 깨달으며, 성령 사역의 방향을 정하고 앞으로 해야 할 일들에 대한 조명하심을 받는 것이다.

예를 들어, 초대 교부 이그나티우스는 이런 경건한 묵상 훈련을 **1주는 각성**(Awakening), 즉 잘못이나 사실을 깨달아 아는 시간으로 보내고, **2주는 정화**(Purgation or purification), 즉 씻고 회개하고 비우고 깨끗하게 하는 시간으로 보내고, **3주는 조명**(illumination), 즉 계몽, 알려줌, 비전을 깨닫는 시간으로 보내고, **4주는 연합**(Union with God), 즉 임재와 능력과 영광이 함께하는 시간을 통해 성령의 역사를 경험하도록 훈련했다. 이것도 또한 경건한 묵상 훈련의 방법들 가운데 하나가 될 것이다.

넷째, '영감의 찬양'을 통해서도 성령의 능력이 임한다.
찬양은 곡조 있는 기도이다. 성령 충만함을 여는 열쇠이다. 찬양의 문이 열리면 기도의 문, 말씀의 문, 은혜의 문, 축복의 문이 열린다. 찬양할 때 방언이 터지기도 한다. 찬양할 때 치유의 영이 임한다. 찬양할 때 예언과 귀신을 쫓아내는 축사도 있을 때가 있다. 성령의 능력은 찬양을 많이 부르고 자주 부름으로 일어난다. 21세기는 영감의 찬양을 통해 사역의 능력이 가장 쉽게 임한다.

다섯째, '정성스러운 헌금'을 통해서도 성령의 능력이 임한다.
헌금을 드릴 때도 성령이 임한다. 은사의 능력이 임한다. 헌금은 축복의 통로이기도 하지만 성령의 통로이기도 하다. 헌금 생활은 성령 충만함의 표현이다. 물질은 믿음의 척도인데, 그 헌금을 드릴 때 성령이 우리 안에 타고 들어와 임재와 축복과 영광을 받으시는 것이다. 즉 성령 충만한 헌금은 헌신이고 감사이며, 은혜이고 치유이며, 능력이고 축복이며 영광인 것이다.

여섯째, '아름다운 교제'를 통해서도 성령의 능력이 임한다.
"형제와 동거함이 어찌 그리 선하고 아름다운지요?" 주로 아름다운 교제를 통해 사랑의 은사, 구제의 은사, 긍휼의 은사, 나눔과 섬김의 은사, 말씀과 지혜의 은사 등이 임한다. 좋은 코이노니아는 우리를 행복하게 한다. 그것은 윤활유와 같이 인생에 기름을 쳐주고 풍요롭게 한다. 신앙 성장과 연합을 가져온다. 웃음과 대접의 관계를 형성한다. 모이고 싶고, 보고 싶고, 나누고 싶은 마음이 든다. 식탁의 교제, 간증의 교제, 봉사의 교제, 성만찬의 교제 등 성령의 임재와 사랑이 충만하게 임한다. 이렇게 성령 충만한 교제는 나를 살리고, 교회를 살리고, 가정을 살리는 것이다.

일곱째, '거룩한 생활'을 통해 성령의 능력이 임한다.
성령은 거룩한 영이다. 성령은 거룩함을 타고 들어온다. 죄와 부패와 타락에는 사탄의 영이 임한다. 거룩한 생활은 성령의 능력이 임하는 필수요소이다. 거룩하지 않은 기도, 거룩하지 않은 믿음, 거룩하지 않은 말씀은 죽은 행위이다. 성령의 임재와 응답이 없다.

행함이 없는 믿음은 죽은 믿음이다(약 2:26). 따라서 무욕의 거룩함(약 1:14), 언어의 거룩함(약 1:26). 선행의 거룩함(약 1:27), 사랑의 거룩함(약 2:1), 화평의 거룩함(약 3:18), 겸손의 거룩함(약 4:10), 인내의 거룩함(약 5:8), 기도의 거룩함(약 5:13), 찬송의 거룩함(약 5:13) 등의 행위를 통해 성령이 타고 들어와 우리를 거룩하게 하는 것이다. 거룩하면 성령이 임하고, 성령이 임하면 거룩함이 나타난다.

여덟째, '온전한 순종'을 통해서 성령의 능력이 임한다.

순종이 제사보다 낫다. 순종이 신앙생활의 최고봉이다. 순종은 성령의 능력이 임하는 기반이다. 순종 없이는 성령의 능력이 임하지 않는다. 믿는가? 그러면 순종하면 된다. 능력 받기를 원하는가? 그러면 순종하면 된다. 은사 받기를 원하는가? 그러면 순종하면 된다. 아브라함, 백부장, 수로보니게 여인 등을 보면 순종하는 축복을 누렸다. 순종은 성령 충만의 결정적인 증거이며, 계속되는 성령의 공급이다. 하나님은 똑똑한 사람을 찾지 않고 순종하는 사람을 찾으신다. 성령이 충만하면 억지로 순종하지 않고 자발적으로 순종한다.

결론적으로 말하면, 이와 같이 지금 성령의 능력을 받는 목록을 만들었으면 이제는 **학습하고 훈련**하는 것이 중요하다. 성령의 능력은 반복하고 계속 공급받는 것이다. 운동도, 공부도, 신앙도 모두 훈련이 필요한 것이다. 내 힘으로 훈련하는 것이 아니다. 성령의 능력으로 훈련하는 것이 중요하다. 우리가 만약 그렇게 성령 충만함의 공급을 간절히 원한다면, 마태복음 16장 24절의 말씀처럼 **자기를 철저히 부인**(겸손)하고, **자기 십자가**(생명 사명)를 지고, 온전히 **예수님을 좇는 삶**(전적인 순종)을 사는 것이 필요하다. 성령의 능력은 계속적 훈련, 계속적 순종을 통해 임하는 성령의 역사이다.

08.
재정 부흥의 프로젝트

재정이 풍성한 교회가 부흥한다!

재정이 풍성한 교회가 부흥의 속도도 빠르다. 왜냐하면 무엇보다도 교회에 재정이 풍성해야 사역도, 교육도, 구제도, 교회 건축도 신속하게 처리할 수 있기 때문이다. 더욱이 현대교회는 물질문화와 세속문화의 영향이 커서 물질이 없으면 교회 운영도 할 수 없고, 사역도 한계에 봉착하고, 아무것도 할 수 없을 정도가 된다. 모든 것이 다 돈으로 처리되어야 하기 때문이다.

더욱이 현재 한국교회를 보면 성도들이 이제는 더 이상 개척교회를 찾지 않는다. 왜냐하면 개척교회는 재정적인 부담이 크기 때문이다. 대다수의 성도들이 그 부담이 싫어서 다 중대형교회로 몰려가는 것이다. 그러나 교회가 건축되어 있다 할지라도 10년 이내의 교회는 또 찾지 않는다. 왜냐하면 교회 건축의 대출금을 갚지 못한 상태이기 때문에 중대형교회라고 해서 다 찾는 것도 아니다. 이렇게 현대 성도들이 교회를 찾을 때에 대부분 그 교회의 물질적 정도와 능력을 보는 것이 최우선적인 기준이 되었다고 한다. 참으로 씁쓸하고 안타까운 현실이다.

그러나 그럼에도 불구하고 재정이 없어서 성도들이 오지 않는다고 한탄과 불평만 한다면 그것보다 어리석고 불쌍한 직무 유기의 목회가 없을 것이다. 비록 물질 중심이 된 현대교회의 모습이라 할지라도 목회자는 가능한 한 최선을 다해 영혼 구원과 성장을 위해 몸부림치며 애를 쓰고 힘을 다해야 할 것이다. 더욱이 교회에 재정적인 풍성함이 있어야 교회사역도 부흥도 담보됨을 인식하며, 재정의 풍성함을 위해 더욱 계획하고 노력하는 목회적 방향에도 관심을 기울여야 할 것이다.

요즘 한국교회가 부흥하는 배경을 보면 보통 큰 교회에서 성도들과 함께 분리되어 물질적으로 자립하여 교회가 되는 경우가 있고, 또 한 경우는 목사님이 엄청난 자금 동원 능력으로 건물을 이미 건축했을 때의 경우이다. 마지막으로 목사님과 사모님이나 또는 개척 멤버들이 전도를 엄청 많이 해서, 전도한 그 성도들 가운데 헌금을 기념비적으로 드릴 때 교회가 부흥되는 역사도 종종 있다. 보통 첫 번째와 두 번째가 대부분이고, 세 번째 경우도 산발적으로 나타나고 있다. 그럼에도 불구하고 부흥의 공통점은 교회 재정 능력을 확보한 교회가 부흥한다는 점이고, 또 세 번째의 경우는 드물어도 그럼에도 아직도 은혜로운 성도들이 많으며, 아직도 헌신된 성도들이 많이 있다는 것을 말해주는 증거라 할 수 있다.

그러면 교회 재정을 넉넉하고 풍성하게 만드는 비결이 있겠는가? 분명히 있다. 성경이 그것을 말하고 있다. 따라서 우리는 성경의 많은 구절에서 그 해답을 찾을 수 있는 것이다.

어떻게 하면 교회 재정이 넘치겠는가?(How-Financial Project?)

한국교회는 물질적인 축복을 많이 받았다. 더불어 교회에 엄청난 부흥의 기적이 일어났다. 한국교회는 세계에서도 단기간에 가장 급성장한 교회로 손꼽히고 있다. 실제로 세계에서 가장 큰 대형 교회들 60%가 교파를 초월하여 한국에 다 있다. 이것은 하나님이 한국교회에 물질적인 축복을 주심으로써 큰 부흥의 역사를 일으키셨다는 증거이기도 하다.

그런데 90년대 이후 상황이 달라졌다. 물질적인 축복을 하나님이 기뻐하시는 데 사용하기보다는 개인의 욕구 충족을 위해 사용하기에 급급하다 보니 물질적인 누수가 일어났다. 여기저기 재정의 구멍이 뚫려 새어나가며 경제적 어려움을 당하는 상황이 펼쳐졌다. 이유는 하나님이 주신 물질을 하나님과 이웃을 위해 흘려보내지 않았기 때문이다. 오직 자기 필요와 욕심 때문에 사치와 과소비, 부정부패, 성적 타락, 불법유통, 뇌물수수, 청소년 범죄 등 물질 관리가 위험수위를 넘어 사회의 기본적인 거룩함을 무너뜨렸기 때문이다.

이런 개인주의적인 경제적 어려움은 각 교회에도 영향을 미쳐 교회도 헌금이 줄고 개척교회들은 목회자 사례비뿐만 아니라 월세 임대료도 지출하지 못할 정도로 어려운 상황이 되었다. 건축한 교회들도 대출금을 갚지 못해 경매대상물로 공고되면서 교회도 총체적 난국을 맞이하게 되었다. 현재 아무리 좋은 조건의 교회라도 성도들의 헌금이 기본적으로 줄어들고 있어서 교회마다 재정이 30%에서 많으면 50%까지 줄어들고 있는 현실이다.

이유를 보면 축복의 하나님은 성도들에게 축복을 주시기 원하시지만, 성도들이 그 축복을 받을 자격을 갖추지 못하였기 때문에 받은 축복을 빼앗기거나, 하나님이 현재 축복을 주시기를 주저하고 계시는 것이다. 다시 한국교회는 만복의 근원이 되신 하나님의 축복 원리를 회복하고 잘 계승해 나감으로써 축복의 강물이 다시 풍요롭게 흐르는 기회로 삼아야 할 것이다.

성경적 재정 축복의 비결

하나님의 물질적인 축복을 받는 비결은 인간적인 수단과 방법이 아니라 성경적 방법에 순종함으로써 나타나는 것이다. 더욱이 하나님의 축복 원리는 세상에서나 천국에서나 똑같이 부자가 될 수 있는 원리이다. 그것은 한마디로 말하면, 물질의 노예가 되는 것이 아니라, 물질을 다스리는 믿음을 가진 자에게만 주는 원리이다. 좀 더 좁혀 말하면, 물질이 많거나 적거나에 따라 하나님을 멀리 두기도 하고 원망하기도 하는 것이 아니고, 물질과 환경에 상관없이 하나님의 말씀대로 물질생활을 하게 되면 하나님이 부어주시는 영적인 축복뿐만 아니라 물질적인 축복도 풍성히 받게 된다는 원리이다. 성경에서는 하나님 말씀의 재정축복 비결원리를 열 가지로 분석하며 제시하고 있다. 우리는 이대로 헌금생활을 하면 절대적으로 하나님의 축복을 받는다는 확신을 가져야 할 것이다.

첫째, '하나님 나라와 그의 의'를 구하는 것이다(마 6:33).

물질적인 축복을 받으려면 먼저 물질을 구하기보다는 하나님 나라와 의를 구해야 한다. 다시 말해, 헌금하는 목적도 물질의 축복을 받기 위해 드리는 것이 아니고, 하나님 나라와 의를 위해 드리는 것이 전제되어야 한다. 헌금은 내가 축복을 받기 위해 드리는 것이 아니라 하나님 나라의 영광과 교회 부흥을 위해 드리는 것임을 분명히 알아야 한다는 것이다.

더욱이 '하나님 나라를 구하는 것'은 죽어 가는 영혼들을 구하기 위해 주 예수 그리스도의 복음을 전파하는 것을 의미한다. 이것은 입술로만 말하는 것이 아니라 실제 현장에 나가 행동으로 전도하는 것을 말한다. 전도하는 것이 헌금이다. 전도하는 것이 물질적인 축복의 비결이다. 전도하는 것이 하나님 나라를 구하는 것이다. 그래서 한국 초대교회 때에는 가난한 신자들이 주일 연보를 못하면 평일에 나와 전도 연보를 했다는 기록이 나와 있다. 그들은 전도가 헌금이라는 것을 알고 있었다는 것이다. 이것은 우리에게도 도전이 되는 헌금의 방법이다.

또한 '하나님의 의를 구하는 것'은 하나님의 성품을 닮아 정직하고 의롭고 거룩한 삶을 사는 것이다. 즉 하나님의 의가 성도들의 마음에 임하여 가정에서나 교회에서나 직장에서나 사회에서나 복음에 합당한 생활을 하는 것이다. 다시 말해, 코람데오의 생활, 어디를 가나 하나님 앞에서 부끄럽지 않은, 양심에 거리낌이 없는 생활을 하는 것을 말한다. 물질도 내 만족과 욕구 충족을 위해 사용하는 것이 아니라 하나님 영광과 이웃을 위해 사용하는 것이 하나님의 의를 구하는 것이다. 이런 가치를 실천하는 자에게 물질적인 축복도 주신다는 것이다.

둘째, '재물에 소망을 두지 말고 하나님께만 소망을 두는 것'이다(딤전 6:17).

재물은 정함이 없다. 재물은 있을 때도 있고, 없을 때도 있다. 그것은 어느 때에 있을지 모르는 예측 불가능한 것이다. 그러나 하나님은 우리와 항상 함께 계신다. 물질은 풀의 꽃과 같이 시들지만 하나님은 영원하시다. 또 물질을 사랑함이 일만 악의 뿌리가 되지만 하나님을 사랑함은 모든 것이 합력하여 선을 이루고 후히 주시며 누리게 하시는 은혜의 역사가 나타난다. 그러므로 물질에 소망을 두지 말고 하나님께 소망을 두는 신앙생활이 성도에게 바람직하고 복된 삶이라는 것이다. 물질이 복이 아니고, 하나님이 복이다. 이것이 성경적 축복관이다.

예수님도 하나님과 물질을 겸하여 섬길 수 없고(마 6:24), 보물이 있는 곳에 네 마음도 있다(마 6:21)고 말씀하셨다. 신앙은 돈 신과 하나님 둘 가운데 하나를 선택하는 것이다. 물질도 마음 중심에서부터 하나님 나라와 의를 위해 사용하는 자를 하나님이 축복하신다는 것이 예수님의 말씀이다.

셋째, '하나님보다 물질을 더 사랑하지 말라는 것'이다(딤전 6:10).

물질만 사랑하면 그 물질이 일만 악의 뿌리가 되어, 있는 물질까지 빼앗기게 된다는 것이다. 사람은 대체로 물질이 없으면 하나님을 원망하기도 하지만, 물질이 많으면 원망보다 더 심하게 아예 하나님을 버리는 경향이 더 많다. 물질에 중독되면 하나님이 필요 없게 된다. 돈, 돈, 돈밖에 안 보인다. 그때 질투의 하나님이 돈 우상에 빠진 성도의 물질을 빼앗으며 물질의 주인이 하나님이심을 깨닫게 하시는 것이다.

그러므로 성도는 물질이 세상을 살아가는 데 필요한 도구이지만, 그 이상으로 욕심과 기대를 하면 불법, 탈법, 위법, 편법의 죄를 짓고 일만 악의 뿌리가 됨을 인식해야 한다. 물질을 하나님 보시기에 좋게 사용하면 더 많이 공급해 주시지만, 그 물질을 잘못 사용하면 있는 것마저 빼앗겨 평생 후회하는 삶을 살 수 있다는 것을 가슴 깊이 인식하며 살아야 할 것이다.

넷째, '예수님과 복음을 위해 먼저 물질을 사용'하는 것이다(막 10:29-30).

그러면 현세에도 백 배의 축복을, 내세에는 영생을 받지 못할 자가 없다고 말씀하신다. 이것은 하나님이 원하시면 언제든지 무엇이든지 우선순위로 헌신하겠다는 자세를 말하는 것이다. 즉 집이나 형제나 자매나 어머니나 아버지나 자식이나 전토까지도 원하시면, 그것까지도 마다하지 않고 예수님과 복음을 위해 먼저 드리겠다는 자세를 말하는 것이다. 여기서 백 배의 축복은 숫자적인 백 배만이 아니라 하나님이 주시는 최고의 축복을 상징한다.

그러나 이단들은 이 말씀을 오용해서 가족도 친지도 다 버리고 이단에게 다 바쳐 교주의 살만 찌우는 교리로 사용되기도 하는데, 다른 성경을 보면 자기 가족을 돌보지 아니하면 믿음을 배반한 자요, 불신자보다 더 악한 자(딤전 5:8)라고 말하고 있는 것을 유념해야 한다. 따라서 마가복음 10장의 말씀은 물질 선용의 우선순위를 말하는 것이지 결코 가족을 버리라는 말씀이 아니라는 것을 꼭 기억해야 할 것이다. 다시 말해, 그 정도까지 하나님 나라와 의를 구하는 헌금의 우선순위 모습은 하나님도 감동하시며 최고의 축복을 주신다는 의미로 받아들여야 할 것이다.

다섯째, '보물을 땅에 쌓아두지 말고, 하늘에 쌓아 두라'는 것이다 (마 6:19).

세상의 보물은 죽으면 다 없어질 것이지만, 하늘의 보물은 영원히 보관된다는 것이다. 세상에서 사업을 잘해서 돈을 많이 버는 것도 지혜로운 것이지만, 그것을 어디에 보관하느냐에 따라 어리석음이 나타나는 척도가 된다고 예수님은 말씀하신다. 어리석은 자는 세상에 부를 축적하지만 결국 다 도둑질당하고 빼앗기고 아무것도 가지고 가지 못한다는 것이다. 그러나 지혜로운 자는 좀과 동록이 해하지 않는 영원한 천국에 보물을 쌓아두기 때문에 참된 부자이며, 참된 승리자이고, 영원한 가치를 위해 사는 사람이라고 말한다. 그러므로 성도는 영원한 천국의 상급을 바라보며 하나님 나라와 의를 위해 보물을 쌓아두는 습관을 좇아야 할 것이다.

여섯째, '하나님께 온전한 십일조를 드리는 것'이다(말 3:8-10).

십일조는 하나님의 것이다. 모든 것이 다 하나님의 것이지만 믿음의 표시로 십일조를 정하여 하나님의 것으로 온전히 드리면 하늘 문을 열어 복을 쌓을 곳이 없도록 부어주신다고 약속하셨다. 십일조는 예수님도 말씀하셨고, 오늘날에도 여전히 계승되어야 할 기독교의 훌륭한 율법적 유산이다. 더욱이 한국교회의 부흥도 성도들의 십일조 생활로 이루어졌고, 성도들의 축복도 온전한 십일조 생활에 기반된 것이다.

그러므로 온전한 십일조는 믿음의 가장 중요한 척도이다. 구원받은 성도들에게는 온전한 십일조 행위가 반드시 수반되어야 한다. 또한 십일조는 교회 부흥의 초석이고, 성도들에게는 축복의 물줄기이다. 하나님 나라와 의를 구하는 것은 온전한 십일조 생활을 하는 것이다. 그런 자에게 이 모든 것을 더하여 주시는 것이다. 온전한 십일조는 매달 총수입의 십일조를 하는 것이고, 과외로 얻은 물질이 있다고 하면 그것에도 십일조를 하는 것을 말한다. 쓰다 남은 것 중에 드리는 것이 아니라 쓰기 전에 제일 먼저 드리는 헌금이 십일조의 개념인 것이다.

또한 십일조는 수입이 점점 더 많아지면 물욕이 생겨 드리기 어려운 경우가 있다. 반대로 수입이 너무 적어 생활하기 힘들 정도가 되면 다음에 드린다거나, 적당히 드리거나, 아예 안 드리는 경우도 생긴다. 그러나 그것은 하나님의 것을 도둑질하는 것이다. 어떤 상황에 있다 해도 온전한 십일조를 드리는 것이 물질 축복을 받는 그릇을 준비하는 것임을 잊지 말아야 할 것이다. 또 십일조를 낸다고 자랑할 것도 없다. 십일조는 당연히 하나님의 것이기 때문에, 성도의 당연한 의무이며 사명이다. 또 한편으로 십일조를 못 내는 성도들을 무시할 필요도 없으며, 오히려 사랑의 마음으로 권면하며 기다려주는 것이 교회 화합에 도움이 될 것이다.

일곱째, '많이 심는 자는 많이 거두는 것'이다(고후 9:6).

콩 심은 데서 콩 나고, 팥 심은 데서 팥 난다. 적게 심으면 적게 거두고, 많이 심으면 많이 거둔다. 심은 대로 거두는 법칙이다. 헌금과 물질관도 마찬가지이다. 헌금을 많이 심으면 많이 거두고, 적게 심으면 적게 거두는 것이다. 이것은 하나님 나라에 얼마를 투자하느냐에 따라 물질 축복의 양도 결정된다는 것이다. 그러므로 적게 헌금하고 투자하면서 많은 축복을 기대하는 것은 잘못된 신앙관이며, 또 그렇게 기대해서도 안 되고, 많이 심고 많이 헌금한 자만이 많은 축복과 열매를 거둔다는 것을 깨달아야 할 것이다.

여덟째, '인색함이나 억지로 헌금하지 말라'는 것이다(고후 9:7).

하나님은 즐겨 내는 자를 사랑하신다고 말씀하신다. 헌금은 축복의 시간이며, 기쁨의 시간이다. 헌금은 감사를 저축하는 것이고, 축복을 저축하는 것이다. 헌금은 하나님의 영광을 돌리는 것이고, 하나님을 기쁘시게 하는 것이다. 헌금의 가치는 하늘의 신령한 상급과 이 땅의 기름진 복을 받는 것이다. 헌금은 기쁨으로, 자원해서, 감사함으로, 즐겁게 드리는 것이다. 그것이 물질적 축복을 받은 지름길이다. 그렇게 할 때 하나님이 감동하시고 기뻐하시며 백 배의 축복을 주시는 것이다.

그러나 헌금할 때 다른 사람의 눈치를 보며 얼마를 헌금한다든가, 남들 다 하는데 나만 안 하면 다른 성도들에게 비난받을까 봐 어쩔 수 없이 헌금을 하는 행위는 성도들의 바람직한 태도가 아니다. 그것이 바로 인색함과 억지로 헌금하는 행위가 되는 것이다. 물론 믿음이 없으면 그렇게조차 하지 못하겠지만, 하나님도 마음이 불편하시며 무거운 짐처럼 느껴지게 될 것이다. 그래서 하나님 편에서도 마음에서부터 우러나와 기쁘고 즐겁게 헌금하는 자를 사랑하시고 기뻐하시며 마음껏 축복해 주시기를 원하신다는 것이다. 성도는 이것을 알고 헌금을 기쁘고 즐겁게 드리는 자세를 가져야 할 것이다.

아홉째, 힘대로 할 뿐 아니라 '힘에 지나도록 자원하는 것'이다(고후 8:3).

사랑은 아낌없이 주는 것이다. 주고 또 주어도 아깝지 않다. 구원받은 성도가 주님을 사랑하면 사랑할수록, 교회를 사랑하면 사랑할수록 힘에 지나도록 헌금해도 더 보람 있고, 더 가치가 있고, 더 영광스럽게 생각한다는 것이다. 큰 믿음을 가진 성도들이 힘에 지나도록 자원하여 헌금하며, 하나님께 놀라운 축복을 받는 간증들이 한국교회에는 많이 있었던 것을 볼 수 있다.

한국교회 부흥의 원동력을 보면 훌륭한 장로님들, 권사님들이 논도 팔고 집도 팔고, 적금도 당겨서 헌금하고, 대출도 받아서 교회 건축헌금으로 바치고, 학자금 대신 먼저 헌금하고, 직장이나 가정보다 교회를 먼저 생각해서 빚내서 건축헌금하는 간증들이 수없이 많았다. 참으로 아름다운 헌신과 희생들이었다. 이들을 통해 한국교회 대부흥의 폭발적인 역사가 일어났던 것이다. 그런데 그렇게 했던 이들의 가정과 자녀와 사업장이 망했던가? 아니다. 힘에 지나도록 헌금을 했던 그들의 역사를 보니 오히려 하나님이 더 갚아주셨고, 더 기적을 베푸셨고, 더 풍성케 되는 축복을 주셨던 것을 본다. 이것이 물질적인 축복의 배경이 되기도 했다.

열째, '청지기의 물질관'을 가지는 것이다(마 25:14-30).

모든 물질은 하나님의 것이며, 그의 종들은 관리인에 불과하고, 주인이 돌아와 반드시 결산할 날이 있으므로 항상 준비하는 지혜로운 자세를 가져야 하는 것이다. 이것이 청지기의 물질관을 가진 자세이다.

예를 들어, 우리 자녀를 내 배 아파서 낳았다고 해서 꼭 내 자녀인 것이 아니다. 성경적으로 하나님이 주신 자녀이다. 그러므로 청지기 부모들은 내 마음대로 자녀를 키우는 것이 아니라 하나님의 뜻대로 자녀를 잘 양육하여 기독교의 인재가 되도록 해야 한다. 사업도 내 사업이 아니라 하나님의 사업이다. 그러므로 그 사업을 하나님의 영광과 주의 뜻대로 사업하여 기독교 기업이 되도록 성장시켜 나가는 것이다. 성도는 주인이 아니라 관리자임을 명심해야 한다. 그렇지 않으면 나중에 주인이 와서 다 빼앗아 가 버리는 것이다.

　물질관도 마찬가지이다. 물질이 내 손에 있다고 해서 그것이 다 내 것이라고 주장하면 착각이다. 그것도 하나님의 은혜요, 하나님이 주신 축복이다. 그러므로 그 물질을 내 마음대로 쓰는 것이 아니라 주님의 뜻대로, 하나님 나라와 의를 위해 사용하는 선한 청지기 의식을 가져야 축복을 받을 수 있다. 내가 어떻게 사용하느냐에 따라 주인 되신 하나님께서 축복의 정도를 결정하시는 것이다. 우리는 작은 일에 충성할 때 더 큰 일을 주시며 더 놀라운 축복을 주시는 하나님을 바라보며 선한 청지기의 삶을 살아가는 복된 성도가 되어야 할 것이다.

모범적인 헌금의 방법

　우리는 어떻게 헌금을 해야 하는가? 성경에 헌금하는 모델은 없는가? 성도는 헌금을 드리는 모범적인 태도를 가짐으로써 하나님을 기쁘시게 하고, 또 하나님이 약속하신 축복을 받는 것이다.

예수님 당시 헌금 방법

　먼저 예수님 당시에 헌금한 방법이 성경에 나와 있다(막 12:41-44). 예수님은 성전에서 말씀을 전하신 후 헌금 시간이 되어 헌금을 거두게 했다. 예수님 당시의 헌금 방법은 오늘날과 조금 다른 점이 있다. 예수님 당시에는 헌금함이 강대상 앞 좌석 근방에 자리를 잡고 있어서 예수님이 말씀을 전한 후에 성도들이 줄을 서서 한 사람씩 나와서 헌금을 하는 모습을 다 볼 수 있었고, 원하기만 하면 누가 얼마를 헌금하는지 볼 수 있었다. 그때 과부의 두 렙돈의 헌금을 보시고 예수님이 칭찬하셨던 것을 본다. 오늘날 미국의 몇몇 교회들에서도 이런 방법으로 절기 헌금 시간을 갖기도 한다고 한다.

한국교회의 헌금 방법

그러나 오늘날에는 조금 다르다. 한국교회는 통상적으로 성도들이 앉아 있고 헌금위원이 헌금 바구니를 돌려 헌금을 걷는 것이 통례이다. 설교 말씀에 은혜를 받은 보답으로 헌금을 드리는 것이다. 예수님 당시 헌금 방법과 비슷한 적용이라 할 수 있다. 그런데 어떤 교회는 설교하기 전에 헌금을 하기도 하고, 헌금함을 뒤쪽에 놓고 들어올 때 자발적으로 하도록 하기도 한다. 헌금의 부담을 덜어주고자 하는 시도이기도 하지만, 헌금의 교육적 차원으로 볼 때, 또 헌금을 통한 축복의 개념으로 볼 때도 좋은 방법은 아니라고 생각된다. 또 처음 온 성도들의 경우에 헌금 시간을 몰라 어떻게 헌금을 해야 할지 당황스러워하기도 한다. 그러므로 예수님 당시처럼 말씀을 듣고 난 후 헌금 시간에 정상적으로 한 사람씩 헌금을 드리는 것이 성경적 방법이라 할 수 있을 것이다.

한국교회의 헌금교육

또 각 교회의 목사님들이 설교하실 때 헌금설교 하는 것을 꺼리는데, 혹 성도들이 부담을 갖고 시험 들까 봐 그러는 것이다. 하지만 물질생활을 하나님 앞에 올바르게 하도록 가르치는 것은 필요한 것이다. 또 헌금설교를 통해서 성도들이 물질 축복을 받는 기회를 얻는 것이고, 더 많은 영적 축복도 받는 기회를 얻는 것이다. 그러므로 목회자는 1년에 두 번 이상은 헌금설교를 계획하는 것이 좋고, 내가 하기 불편하면 외부 목사님을 초청해서 물질과 헌금설교를 하는 것도 좋을 것이다. 가능한 한 초신자가 마음에 상처받지 않도록 조심할 필요는 있지만, 성경적으로 가르쳐야 하는 목회자의 책임도 있다는 것을 명심해야 한다.

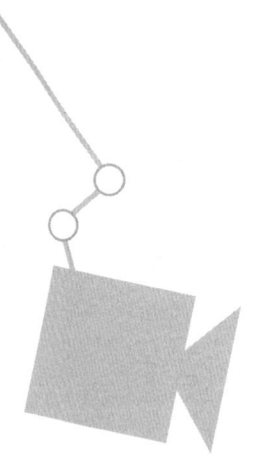

09.
셀(구역) 부흥의 프로젝트

셀(구역)이 살아야 교회가 부흥한다!

교회에서 구역(셀)은 작은 교회이다. 구역장(셀리더)은 작은 목사이다. 구역(셀)이 살면 교회가 산다. 구역(셀)이 부흥하면 교회도 부흥한다. 구역(셀)은 교회의 생명력이다. 그러나 구역(셀)이 죽으면 교회도 죽는다. 구역(셀)이 쇠퇴하면 교회도 쇠퇴한다. 구역(셀)이 병들면 교회도 병든다. 구역(셀)이 무너지면 교회도 무너진다. 그만큼 교회와 구역(셀)은 떼어놓을 수 없는 불가분의 관계이다.

특별히 교회 운영과 조직도 구역회(셀리더회)를 중심으로 교회가 돌아간다. 청소도 구역별로 돌아간다. 식당 책임도 구역별로 돌아간다. 교회 행사도 구역별로 돌아간다. 바자회도 구역별로 준비한다. 체육대회도 구역별로 관리한다. 전도도 구역별로 돌아간다. 특별새벽기도회나 전도 축제도 구역별로 준비한다. 교회 행사의 모든 준비도 구역별로 한다. 구역이 교회 전반 사역의 중심이다. 세계 제일 교회인 여의도순복음교회의 부흥 비결도 구역 부흥이고, 영락교회, 사랑의교회 등의 부흥 비결도 구역 부흥의 결과라 할 수 있다. 구역(셀)이 살아야 교회가 산다!

셀리더(구역장)가 살아야 셀(구역)이 산다!

셀리더(구역장)는 그 구역의 중심인물이다. 누가 셀리더(구역장)가 되느냐에 따라 그 구역의 부흥, 교회의 부흥은 달라질 수 있다. 그만큼 셀리더(구역장)의 역할이 중요하다는 것이다.

첫째, 셀리더(구역장)는 **'영적 성장의 훈련'**이 없으면 자격이 안 된다. 그것은 셀리더가 먼저 '말씀 훈련, 기도 훈련, 전도 훈련, 사랑 훈련'의 4박자 경건한 영성 훈련을 잘 갖추고 실행하는 본을 보여야 구역을 은혜롭게 인도할 수 있고, 셀 부흥도 배가되는 역사가 나타나게 되는 것이다. 그래서 셀리더(구역장)의 첫 번째 자격은 성령 충만한 영적 성장의 훈련을 갖추는 것이다.

둘째, 셀리더(구역장)가 영적인 성장뿐만 아니라 **'정신적 성장 훈련'**도 잘 갖춰야 그 셀이 무섭게 발전하는 토대가 된다. 첫째, 셀리더(구역장)가 먼저 끊임없이 **배우는 자세**를 가져야 한다. 사람은 배운 만큼 성장한다. 또 앞으로 더 큰 성장을 위해서 끊임없이 배워야 활용할 수 있다. 둘째, 셀리더(구역장)는 **명확한 목표**가 있어야 한다. 목표가 분명한 사람은 타고난 재능이 부족해도 자신의 한계를 깨부술

만큼 놀라운 성장을 만들어간다. 셋째, **실패를 두려워하지 않는다**. 도전하고 또 도전하는 끈기가 있다. 넷째, 꾸준히 실천하는 실천 능력, **실행력**이 있다. 마지막 다섯째로, **피드백**에 항상 열려 있다. 사후 점검과 보고서 채택, 충고와 조언에 귀를 기울인다. 내 마음에 들지 않는다고 화를 내거나 삐치지 않는다. 심도 있는 토의와 개발로 더욱 셀을 발전시키려는 포용력과 개연성을 갖고 있다.

셋째, 셀리더(구역장)는 **'좋은 리더십'**도 갖춰야 한다. 그것은 셀(구역)을 이끌어가는 경영 능력과 추진력이라 할 수 있다. 셀리더가 이것을 갖추지 못하면 셀이 성장하지 못하고, 고이고, 썩고, 병들어버린다. 그래서 셀리더(구역장)는 반드시 훌륭한 리더십을 개발하고 노력해야 한다.

그러기 위해서는 먼저 부흥에 대한 **'비전'**을 세워야 한다. 분명한 부흥 목표가 없으면 절대 부흥할 수 없다. 둘째는 **'행정력'**이다. 부흥의 비전을 위해 일을 구체적으로 계획하고 사람을 세우는 행정력과 조직력을 만들어갈 줄 알아야 한다. 셋째는 **'추진력'**이다. 그 일과 사람을 잘 끌고 가서 목표를 성취할 수 있도록 추진력과 영향력을 발휘해야 한다. 그러려면 매사에 솔선수범하고 희생과 책임을 다하는 모습을 보여주어야 한다. 마지막으로 넷째는 **'조정력'**이다. 일과 사람을 끌고 가기 위해 무조건 추진력을 강요하면 반발이 있고 뒤에서 뒷담화만 할 수도 있다. 합리적으로 밀고 당기는 조정력을 발휘해야 건강한 추진력으로 목표를 달성할 수 있다. 즉 일과 사람에 있어서 이해와 포용과 화합의 조정력으로 추진해 나가야 성장과 변화를 이루는 것이다.

셀(구역) 예배가 살아야 셀(구역)이 산다!

셀(구역)의 제일 중요한 모임은 예배이다. 구역도 작은 교회이기 때문에 예배공동체이다. 예배가 살면 교회가 산다. 예배가 살면 셀(구역)도 산다. 예배는 신앙생활의 가장 중요한 행위이다.

옛날에는 셀(구역) 예배에 구역장이 다 알아서 찬송도 기도도 설교도 다 했다. 구역 공부도 주로 설교하듯이 했다. 그러나 21세기는 셀(구역)의 형태가 달라졌다. 요즈음은 셀리더(구역장) 혼자 다 하지 않는다. 기도도 찬송도 설교도 셀원(구역원)들과 나눠서 한다. 셀(구역) 공부도 혼자 설교하듯 하는 것이 아니라 전체 셀 원들이 서로 말씀을 나누고 생활 속에 적용하고 간증하는 참여 공부식으로 전환되었다.

특별히 셀(구역) 예배가 살기 위해서는 4W로 드리는 것이 좋다. 이것은 이미 부흥하는 셀(구역)의 통계로 나온 결과이다. **'환영, 찬양&기도, 말씀 나눔, 전도사역'**의 순서이다. 환영(welcome)은 마음 열기(Ice breaking)이다. 찬양(worship)과 기도는 은혜로의 문을 열기이다. 말씀(word) 나눔은 말씀을 적용하며 간증한다. 기도 제목도 함께 나눈다. 그리고 전도사역(work)은 헌금도 하고 광고도 하며 전도에 관한 보고를 나눈다. 그리고 이후에 현장에 나가 예비신자와 관계 전도를 하는 것이다. 이렇게 하면 놀라운 예배의 부흥과 변화를 경험할 것이다.

셀(구역) 부흥의 프로젝트(How-Cell Revival Project?)

몸의 세포가 건강하면 자연스럽게 번식하듯이 셀(구역)도 건강하면 번식하는 것은 당연한 것이다. 어떻게 하면 셀(구역)이 건강하게 번식할 수 있을까?

첫째, 셀(구역)이 '기도의 프로그램'을 가져야 한다.
보통 부흥하는 구역(셀)을 조사한 통계를 보면 하루에 30분 이상씩 기도하는 구역(셀)은 6~9개월 만에 한 구역(셀)이 번식하고 개척되는 역사가 있었다. 이것은 셀이 합심하여 매일 기도하면 기적과 능력이 나타난다는 증명이다.

둘째, 셀(구역)이 '전도의 프로그램'을 가져야 한다.
전도는 나가면 있고 안 나가면 없다. 나가서 누군가를 만나야 한다. 통계에 의하면 일주일에 두 번 이상 나가는 셀(구역)은 6~9개월 만에 한 구역(셀)이 번식 개척되는 결과를 낳았다고 한다. 이것도 성장하는 셀(구역)은 전도 문화를 만들고, 전도 중심의 셀로 바뀐다는 것이다.

특별히 셀이 전도할 때는 전도 대상자를 주기적으로 방문하는 것이 가장 중요하다. 예를 들어, 셀(구역) 식구들이 매달 전도 대상자 '1~3명'을 주기적으로 방문하면 번식할 확률이 60%이고, 매달 '5~7명'을 주기적으로 방문하면 번식할 확률이 80%라고 한다. 루이스 살라스 성도는 18개월(1년 6개월) 만에 250개의 셀을 번식시켰다고 한다.

그 비결은 아래와 같다.

첫째, 매일 전도 대상자를 만났다.
둘째, 그들의 이름을 밤낮으로 묵상하고 기도했다.
셋째, 그들과 만나서 나눌 대화를 매일 계획했다.
넷째, 그들을 기회만 되면 구역(셀) 모임으로 인도했다.

셋째, 셀(구역)이 '사랑의 프로그램'을 가져야 한다.
셀(구역)이 부흥하는 가장 기초적인 바탕은 사랑의 관계이다. 초대 교회가 그랬고, 지금도 여전히 부흥의 최고 비결이다. 사랑의 관계는 웃음과 대접이 대표적인 특징이다. 셀이 잘 웃고, 일주일에 최소한 번은 서로 대접하는 시간을 가질 때 6~9개월에 한 셀씩 번식 개척하는 통계가 있다. 그만큼 사랑의 관계가 부흥에 중요한 원리라는 것이다.

넷째, 셀(구역)이 '초청 초대 프로그램'을 가동해야 한다.
부흥하는 셀(구역)은 자꾸 사람을 셀(구역)로 초대한다. 예비신자들이 셀(구역)에서 함께 시간을 갖도록 유도하고 초대하여 행복한 분위기를 느끼게 한다.

특별히 셀(구역)로 초대할 때는 상대를 VIP가 되게 해야 한다. 상대를 그냥 초대하는 것이 아니라 소중한 마음으로 존중하며 초대하는 것이다. 초대할 때도 반드시 정성스럽게 준비해야 한다. 반가운 특별인사, 식사와 차, 유머와 칭찬, 특별한 선물 등을 미리 준비한다.

또 초대할 때는 가정 초대-셀(구역) 초대-교회 초대 등 3단계 전략이 효과적이다.

지금 한국교회는 정체기의 위기이다. 그럼에도 새신자 초대와 전도 중심의 교회는 여전히 부흥한다. 특별히 청년들, 남성들까지도 초대 문화와 전도 중심 봉사에 합류한다. 교회 행사도 초대 전도 축제 중심인 것을 볼 수 있다. 지금부터라도 '초대 전도 프로그램'을 가동하는 교회가 되어야 할 것이다.

셀(구역) 부흥의 실제적 열 가지 전략(How-Ten Project?)

전 세계 교회를 대상으로 연구한 결과 구역(셀)이 부흥하는 데는 다음과 같은 공통된 원리가 있었다. 일명 구역(셀) 부흥 전략의 열 가지 DNA이다.

첫째, 셀리더(구역장)가 솔선수범하는 '전도의 모델'이 되었다.
조사에 의하면 일주일에 두 번 이상 전도 대상자와 접촉하는 셀(구역)은 자연히 부흥하고, 6~9개월이 지나면 개척하는 구역이 되었다. 더욱이 셀리더(구역장)가 매일 90분(1시간 30분) 이상씩 솔선수범하며 헌신한 경우는 셀(구역) 번식이 두 배가 높았다.

둘째, '전도자'와 '일꾼'을 세우는 리더십이 있었다.
보통 교회 안에는 대개 10%의 전도자와 봉사자가 있는데, 이들을 찾아 세우고 전도의 능력을 배가시키는 교회는 30~100%의 부흥이 이루어졌다. 즉 교회는 전도자와 일꾼을 많이 세우면 세울수록 부흥의 파이가 늘어난다는 것이다. 이것이 셀(구역) 부흥과 교회 부흥의 중요한 특징이었다.

셋째, 정기적인 '셀(구역) 모임'과 '공예배 모임'이 활성화되었다.
모임을 일주일에 한 번 정기적으로 계속 모이는 셀(구역)이 부흥하고 번식되는 모델이 된 것으로 조사되었다. 즉 셀 예배와 공예배의 모임이 점차 활성화될 때 그 공동체는 폭발적으로 부흥했다는 것이다. 실제로 통계적으로 보면 매년 번식 목표를 세우고 정기적으로 모이는 셀(구역)은 50%가 성장, 변화, 증가했다.

넷째, 인격적인 '사랑의 관계'가 형성되었다.
사랑의 관계가 있는 셀(구역)과 교회는 기쁨과 축복이 넘친다. 웃음과 대접이 넘친다. 일주일에 한 번 이상 모이는 셀은 부흥한다. 한 달에 여섯 번 이상 모이는 셀은 두 배 이상 번식했다. 사랑으로 자주 모일수록 효과적이라는 것이다.

다섯째, 셀리더(구역장)를 관리하는 '코치'(지역장)가 있었다.
셀리더(구역장)도 돌봄이 필요하다. 주기적으로 워크숍하고 관리하는 지역장(코치)이 있을 때 셀(구역)은 계속 성장한다고 조사되었다.

여섯째, 부흥 셀(구역)은 '1년에 한 번 번식'하는 주기가 있었다.
건강한 구역은 보통 6~9개월에 한 번 번식하고, 일반적으로는 1년에 한 번 번식하는 주기가 있다. 그만큼 교회와 셀(구역)이 부흥의 원리를 따라가며 열심히 달려가기 때문에 좋은 결과가 나타나는 것이다.

일곱째, 셀(구역) 식구들이 '모두 기도'하는 역사가 있었다.
매일 하루에 30분 이상씩 기도하는 셀(구역)은 부흥의 역사가 있었다. 그들이 매일 교회와 셀(구역) 식구들을 위해 30분 이상씩 기도하니 기적과 능력, 전도의 역사가 풍성히 임했다.

여덟째, 셀(구역)이 '차세대 셀리더(구역장)'를 준비했다.
다음 구역장(셀)을 키우고 번식을 준비하는 셀은 보통 6~9개월 만에 성취되었다. 주로 셀 출석 평균이 7~10명이 될 때 분가하면 좋다.

아홉째, 모든 셀(구역) 식구들이 불신자와 '전도 관계'를 맺고 있었다.
부흥하는 구역(셀)은 일주일에 두 번, 불신자와의 오이코스(집/가족) 관계 전도를 한다는 것이다. 그런 구역(셀)이 자연스럽게 부흥, 성장한다는 것이다.

열째, 모든 셀(구역) 식구들이 '셀리더'(구역장)가 되고 싶은 열망이 있었다.
나도 우리 셀리더(구역장)처럼 멋지게 쓰임 받고 싶다는 열망이 있는 셀(구역) 원들이 있을 때, 모두가 열심히 하며 부흥도 배가가 되는 것이다. 그러려면 셀리더(구역장)가 선망의 모델이 되어야 한다.

셀(구역)이 번식하는 단계

보통 교회 구역을 셀이라고도 하는데, 셀은 몸을 구성하는 최소 단위의 세포구조이다. 우리 몸에 피 한 방울이 3억 개의 적혈구로 구성되었다고 한다. 이들이 모여 피 한 방울을 이룬다는 것이다. 교회도 작은 세포인 셀(구역)이 모이고 모여 한 몸을 이루는 것이다. 그런데 건강한 세포가 모이면 몸이 건강하지만, 병든 세포가 모이면 병든 몸이 되는 것이다. 구역(셀) 번식도 마찬가지이다. 건강하게 번식하면 몸이 더 건강해지지만, 병든 세포가 번식하면 교회가 암에 걸린다. 번식도 건강하게 잘 만들어 준비해서 나가야 교회가 부흥하는 것이다.

그러면 셀(구역)을 어떻게 준비해서 번식 개척을 할까?

첫째, 평균적으로 셀(구역)이 7~10명이 참석하면 개척 준비를 해야 한다.

그 방법은 이드로 용법(5×5)과 G12 용법(12×12)과 J3(3×3) 용법이 있다. 이드로 용법은 10명이 되면 5명씩 개척하는 방법이다. G12 용법은 제자 12명이 되었을 때 1명씩 개척하게 하는 방법이다. J3 용법은 예수님의 수제자 3명이 있었던 것처럼 수제자 3명이 되었을 때 1명씩 개척하게 하는 방법이다.

보통 이드로 용법은 수적인 번식의 모습이고, G12 용법과 J3 용법은 질적인 번식의 모습이다. 이드로 용법은 십부장 10명이 되면 자연히 번식의 과정을 겪는다. 그러나 G12 용법은 제대로 훈련된 12명을 만들고 그들을 각자 파송하여 또 다른 셀 그룹을 만들게 하는 개척 방법이다. J3 용법도 제대로 훈련된 3명을 만들고 그들을 파송하는 방식이다.

이 세 가지가 다 장단점이 있지만 영적인 파급력은 G12와 J3가 훨씬 높고 파장이 크다. 그런데 이 두 가지 방법의 문제가 있는데 시간이 오래 걸리고, 질적 훈련을 받는 성도들의 수가 많지 않다는 것이다. 또 훈련받는다고 해도 제자 훈련 성장 속도가 빠르지 않다는 것이 안타까운 현실이다. 그러나 이것이 제대로만 된다면 다단계적인 파급효과로 엄청나게 부흥하는 역사를 경험하게 될 것이다. 실제로 그렇게 해서 성공한 모델도 많이 있다.

또 다른 관점에서 교회 규모에 따라 개척 방법이 달라질 수 있다. 예를 들어, 큰 교회는 이드로 용법이 좋고, 작은 교회는 G12, J3 용법이 훨씬 큰 파급 효과를 거둘 수 있다. 큰 교회는 수적 성장의 장점이 있으므로 이드로 방법이 효과적이고, 작은 교회는 수적 성장보다는 질적 성장을 먼저 잘 구축해야 나중에 더 큰 부흥을 경험할 수 있기에 G12, J3 용법이 좋은 것이다.

둘째, 셀(구역) 개척은 6~9개월 중에 하면 아주 좋은 셀(구역)이다.
그러나 일반적으로 성장하는 셀(구역)은 보통 9~12개월이 걸린다. 그런데 만약 1년이 지났는데도 셀(구역)이 정체되어 있다면, 차라리 구역을 통폐합하거나 변화를 주는 것이 좋다. 사실 1년이란 기간은 셀의 존폐와 분립, 영적 주사 투입 여부 등을 진단하는 시간이다.

셋째, 셀(구역)의 개척 방법은 네 가지가 있다.
물론 얼마든지 개척하는 방법은 다양하게 할 수 있다. 그러나 대체적으로 성공한 경우의 검증된 셀 개척의 방법을 네 개 정도의 패러다임으로 요약할 수 있다.

첫째, **'원형 셀'**에서 훈련받은 1명이 개척하는 것이다. 즉 새 셀리더(구역장)가 오이코스 관계 전도로 개척하는 것이다. 'G12 용법'의 개척 방법이다. 이들이 매일 나가서 가까운 사람부터 찾아다니며 관계 전도를 통해 구역(셀)을 개척하는 것이다. 보고타의 IMC 교회, 페루 리마의 생수교회, 루이지애나 주의 베다니교회 등과 같은 교회는 이런 방법을 도입해서 수만 명을 이루는 큰 교회로 부흥했다.

둘째, 새 셀리더(구역장)가 그 셀의 **'일부 멤버들과 함께 개척'**하는 것이다. 이때는 본 구역에서 주로 2~5명의 지원을 받아 함께 개척한다. '이드로 용법과 J3 용법'의 개척 방법이다. 오늘날 한국교회는 8교회 중에 6교회가 이런 식의 형태로 번식하고 있다.

셋째, **'유유상종 방법으로 개척'**하는 것이다. 새 셀리더(구역장)가 평소 관계가 좋은 교인들과 함께 개척하는 방법이다. 'J3 용법'의 비슷한 일종이다. 예를 들어, 어떤 사람이 2~3명을 전도했다고 하면 그 전도자가 2~3명을 데리고 새 셀(구역)을 시작한다. 또 어떤 경우는 셀(구역) 내에 친한 셀 식구 2~3명과 함께 개척하는 방법이다. 마음이 맞고 성향이 비슷하면 훨씬 더 정착하기 쉬울 것이다.

넷째, '**초대 모임의 개척 방법**'이다. 이것은 새 셀리더(구역장)가 초대 모임으로 개척을 시작하는 것으로 G12 용법의 일종이다. 먼저 지인이나 이웃을 자연스럽게 초대해서 모임을 만드는 것이다. 예를 들어, 생일 모임, 커피 모임, 뜨개질 모임, 독서, 음악 모임, 기도 모임, 아이 교육 모임 등 초대할 대상을 모으고, 그렇게 2~3명이 되면 모임을 시작한다.

이때 새 셀리더(구역장)는 매일 30분 이상씩 기도한다. 한 달에 7~8회 이상은 초대자들을 만난다. 매일 시간의 십일조, 2시간 24분은 투자하고 헌신한다. 그렇게 열심히 헌신함으로 일주일에 한 번, 4주 과정의 모임을 만든다. 그리고 마지막 주간에는 초대 파티를 한다. 그때에는 원형 셀(구역)에서도 함께 참석한다. 그리고 거기에서 셀(구역) 식구를 만들고, 그다음 주부터 정기적으로 시작한다. 그때 시작할 때는 원형 셀(구역)에서 1~2명이 함께 참석한다.

10. 제직 훈련 부흥의 프로젝트

제직이 바로 서야 교회가 부흥한다!

교회의 일꾼은 한마디로 제직들이다. 제직이 살아야 교회도 살고 부흥한다. 절대적이다. 그 교회의 건강도와 부흥도는 제직의 영적 수준에 따라 달라진다. 제직이 강하면 교회도 강하고, 제직이 약하면 교회도 약하다. 제직이 교회 부흥의 척도이다. 제직 훈련이 안 된 교회는 절대로 부흥할 수 없다. 그런 교회에는 사역도 헌신도 봉사도 없기 때문이다. 초대교회 부흥도 일곱 집사를 세울 때에 교회의 체질 변화와 폭발적인 부흥의 역사가 나타났다. 한국교회에도 제직의 헌신과 기도를 통해 얼마나 많은 기적과 능력이 나타났는지 모른다. 교회 부흥의 절대적인 핵심은 제직 훈련에 있다.

제직 훈련의 유익

그러면 제직을 세우는 것이 교회에 어떤 유익이 있겠는가? 제직을 잘 훈련하면 교회에 어떤 부흥이 있겠는가? 교회는 제직이 움직여야 살아나고 부흥한다. 제직이 충성해야 교회의 역동성이 살아나며 부흥의 폭발적인 역사가 나타난다.

첫째, 제직을 잘 세우면 '목회자의 강단권'이 살아난다(행 6:4).
초대교회 일곱 집사를 세울 때 사도들이 기도와 말씀의 권세가 왕성했다. 허다한 무리가 따랐고, 제사장들도 순종하며 주님께로 돌아왔다. 제직이 잘 세워지면 그들이 행정과 구제와 봉사를 담당하고, 목회자는 기도와 말씀에 집중하며 성령 충만한 목회 사역이 되는 것이다.

둘째, 제직을 잘 세우면 '전도가 왕성'하게 일어난다(행 6:7).
제직이 활발하게 움직이니 제자의 수가 점점 많아지고 날마다 구원받는 수가 더해졌다. 특별히 그 당시 집사들의 주 임무가 구제와 봉사도 있었지만 전도의 사명을 제1순위로 생각했다. 스데반 집사도 전도하다가 순교했다. 빌립 집사도 에티오피아 내시를 최초로 전도한 전도자였다. 나중에 사마리아까지 가서 전도했다. 이처럼 제직들이 전도의 사명을 잘 감당하자 제자의 수가 점점 더 많아지고 교회가 폭발적으로 부흥하는 역사가 있었다.

셋째, 제직을 잘 세우면 '효과적인 구제사역'이 이뤄진다(행 6:3).

초대교회는 제직들이 세워지면서 교회 안에 히브리파 과부와 헬라파 과부의 구제 문제로 인한 갈등이 사라졌다. 즉 서로 부족하다는 편파적인 구제 갈등이 사라졌고, 공평한 구제를 통해 교회가 안정적인 구제사역을 하게 되었고, 교회는 더욱 부흥하는 계기가 되었다.

넷째, 제직을 잘 세움으로 교회 '헌금 사역도 활발'하게 이뤄졌다.
교회에 재정이 부족할 때 요셉 바나바라는 사람은 밭을 팔아 교회에 헌금함으로써 구제에 많은 도움이 되었고, 그 영향으로 성도 중에도 많은 헌금 운동이 일어났다. 초대교회 때부터 제직들은 헌금의 본이 되었으며, 교회사역을 위해서는 무엇이든 바치겠다는 각오가 되어 있었다. 따라서 그들의 헌금과 헌신을 통해 교회가 왕성해지고 풍성한 사역들이 은혜롭게 펼쳐졌다.

다섯째, 제직을 잘 세움으로 '각 기관도 살아나게' 된다(행 6:3).
초대교회 조직은 제직 공동체와 셀 공동체가 있었다. 그 제직들이 어떤 조건도 따지지 않고 셀과 기관에 배치되어 열심히 구제하고 봉사했으며, 밖에 나가서는 열심히 전도했다. 한마디로 제직은 어디에 속하든지 오직 주님과 교회를 위해 희생하고 헌신하는 자들이었다. 그 결과 날마다 구원받는 수가 더하여 가고, 하나님의 말씀이 점점 더 왕성해지며, 교회가 폭발적으로 부흥하는 역사가 일어났던 것이다.

여섯째, 제직을 잘 세우면 '성도들도 온전케' 된다(엡 4:12).
제직들도 서로 본을 보이며 함께 성장하고 함께 성숙을 배워간다. 그렇게 주님의 장성한 분량까지 자라가는 것이다. 또 제직들이 은사에 따라 즐겁게 봉사하고 섬기면 또 다른 제직들이 보고 배우며 함께 성장하여 교회를 온전하게 세워나가고, 신앙도 온전하게 세워져 가는 역사가 있다.

제직 성장훈련 프로젝트(How-Training Project?)

교회는 제직들을 주기적, 반복적으로 훈련해야 한다. 1년에 두 번은 제직 세미나와 헌신예배를 개최하고, 설교 때마다 제직의 임무와 사명을 각인시켜야 제직들이 각성하고 성장하여 구제와 봉사, 헌금과 전도에 헌신을 다하는 것이다. 또 제직들이 임직 예식을 할 때도 반드시 제직 훈련을 하고, 훈련을 받은 후 제직의 임무를 감당하도록 해야 건강한 제직이 될 수 있다.

먼저 제직은 '교회 직분의 자격'을 갖춰야 한다.
일단 제직이 잘못 세워지면 교회에 문제가 생기기도 하고, 분열되고 갈등이 일어나기도 한다. 반면에 제직을 잘 세우면 생각보다 훨씬 더 교회가 역동적이고 활기차게 되며, 교회 부흥 진입에 가속도가 붙는다. 그래서 제직은 자격을 잘 준비하도록 해야 한다.

구약에서는 네 가지 자격을 말했다. 첫째, '재덕이 겸비한 자'여야 하고, 둘째는 '하나님을 두려워하는 자'여야 한다. 셋째는 '진실 무망한 자'여야 하고, 넷째는 '불의를 미워하는 자'여야 한다.

신약에서도 네 가지 자격을 말했다. 첫째, '성령이 충만한 자'여야 하고, 둘째, '지혜가 충만한 자'여야 한다. 셋째는, '칭찬을 듣는 자'여야 하고, 넷째는, '믿음이 충만한 자'여야 했다. 교회는 먼저 이런 여덟 가지 성경적 자격을 준비케 하고 제직을 세워야 할 것이다.

둘째, 제직은 개인 신앙의 '사전 점검'도 꼭 필요하다(딤전 3:2-9).

우선, 제직은 '가정에 모범'이 되는지 보아야 한다. 둘째로, 제직은 '술과 돈'을 사랑하지 않는 자여야 한다. 셋째, '초신자'는 제직의 자격이 안 된다. 넷째, 제직은 '말에 대해 책임'을 지는 자여야 한다. 다섯째, 제직은 '깨끗한 양심'에 믿음의 비밀을 지키는 자여야 한다. 제직은 정직해야 한다. 투명해야 한다. 거룩해야 한다. 거짓말하면 안 된다. 거짓 증거도 하면 안 된다. 이웃의 것을 탐하면 안 된다. 만약 교회에서 거짓과 탐욕이 횡행하면 영이 혼잡해진다. 어두움의 영에 사로잡힌다. 무질서하고 방종하는 일이 나타난다. 그래서 제직은 깨끗한 양심과 정직한 생활로 교회에 덕을 세우는 믿음의 사람이 되어야 하는 것이다.

셋째, 제직은 '성경적 교회관'을 가져야 한다.

제직은 교회관이 바르게 서 있어야 한다. 만약 제직의 교회관이 흔들리면 교회 전체가 흔들린다. 교회가 무너지고 분열된다. 교회관은 신앙생활과 교회생활의 가장 중요한 훈련 단계이다.

먼저 제직의 교회관은 **'신앙의 방향'**이 분명해야 한다. 신앙의 주체는 삼위일체 하나님이고, 신앙의 목표는 하나님의 영광이며, 신앙의 기준은 성경 말씀이다. 이것이 흔들리면 안 된다. 또한 제직은 '**본 교회에 대한 소속감**'이 분명해야 한다. 내가 제직으로 부름 받은 것은 다른 교회에서 부름을 받은 것이 아니고 본 교회에서 부름을 받은 것이므로, 본 교회를 통해 충성, 헌신, 봉사하며 하나님 나라를 크게 세워나가야 하는 것이다.

본 교회 제직에 대한 자부심은 '내가 다니는 교회가 대한민국에서 제일 좋은 교회'라고 확신하는 것이다. 다음은 '우리 목사님이 대한민국에서 제일 좋은 목사님'이라고 생각하는 것이다. 마지막으로 '우리 교회 성도들이 대한민국에서 제일 좋은 성도'라고 생각하는 것이다. 이런 소속감이 분명할 때 제직들은 건강한 믿음으로 교회에 충성할 수 있다.

넷째, 제직은 '봉사하는 직분'이다.
왜 제직을 세웠는가? 교회에 봉사하라고 세워주신 것이다. 그것은 감투가 아니다. 왕이 아니다. 군림하는 자가 아니다. 명령하는 자가 아니다. 종이다. 섬기는 자이다. 봉사하는 직분이다. 결코 이것을 좌시해서는 안 된다.

그래서 제직의 봉사 기준은 첫째, 성령이 주신 은사와 재능을 가지고 '오직 하나님께 영광!'을 돌리는 것이다. 둘째, 주님의 몸 된 제단 '교회 부흥을 위해' 충성하는 것이다. 셋째, '담임목사님 사역을 위해' 돕고 기도하고 순종하며 협력하는 것이다. 넷째, '성도들과 연합을 위해' 사랑과 화목을 만들어가는 것이다.

다섯째, 제직은 '주도적 참여 예배'를 드리는 자이다.

성도는 예배가 죽으면 영이 죽는다. 관계가 막힌다. 축복의 통로가 막힌다. 방황하고 이탈한다. 그래서 제직은 예배 훈련을 잘 받아야 한다. 예배의 은혜를 회복해야 한다. 예배의 지킴이가 되어야 한다. 무엇보다 예배의 매뉴얼을 잘 지키고 주도적으로 행해야 한다.

첫째, 제직은 모든 '공적 예배'를 적극적으로 지켜야 한다(출 16:13-30). 둘째, 제직은 '본인부터' 먼저 은혜 충만한 영감의 예배를 드려야 한다(요 4:24). 셋째, 제직은 예배를 통해 은혜도 받지만 '예배 봉사' 사역에도 순종하며 적극적으로 참여해야 한다. 예를 들어, 은사와 재능에 따라 찬양대, 찬양팀, 대표기도, 안내위원, 헌금위원, 차량위원 등 예배 봉사위원의 역할을 자발적으로 감당해야 한다.

여섯째, 제직은 '헌금생활'을 바르고 온전히 하는 자이다.

헌금은 주님의 몸 된 교회를 세우는 거룩한 예물이다. 헌금은 첫째로 '하나님께 영광'이다. 둘째는 '감사함'이다. 셋째는 '사명'이다. 하나님의 명령에 순종하는 것이다. 넷째는 '축복의 통로'이다. 다섯째는 '천국의 상급'이다. 여섯째는 '은혜 받는 방편'이다. 성령 받는 방편이다. 일곱째는 '하나님 사랑을 받는 길'이다. 특별히 제직들은 헌금할 때 다음과 같은 실천 사항을 가지고 바르게 헌금해야 한다.

첫째, 제직은 교회를 내 집같이 생각하며 '기쁨으로 헌금'해야 한다. 둘째, 제직은 '십일조 생활'을 철저히 해야 한다. 셋째, 제직은 생활에서도 늘 감사하는 '감사헌금'도 수시로 해야 한다. 넷째, 제직은

'선교와 장학과 구제 헌금'도 잘 감당해야 한다. 다섯째, 제직은 '건축 헌금과 전도 헌금'도 정성스럽게 해야 한다. 이것이 제직들의 기본적인 헌금관이다.

일곱째, 제직은 '심방 매뉴얼'도 잘 익혀야 한다.

제직은 언제든지 목사님을 도와 심방할 기회가 많다. 보통 교회마다 최소한 1년에 한 번은 대심방 또는 가정 심방, 등록 심방, 셀(구역) 심방 등을 하고 있다. 따라서 제직들은 심방을 할 때도 올바른 심방 매뉴얼을 숙지하고 바르게 심방을 해야 하는 것이다.

첫째, 심방은 성도를 위로하고 격려하고 '축복'하는 것이다. 둘째, 심방은 복장부터 '단정'해야 한다. 셋째, 심방할 때는 '말도 조심'해서 해야 한다. 넷째, 심방할 때 혹시 시험에 든 자가 있다면 거기에는 '동조하지 않는 것'이 좋다. 다섯째, 심방 시에는 계 조직, 금전거래는 '일체 금지'한다. 여섯째, 심방을 할 때는 항상 '교회와 담임목사님'을 중심으로 상담해야 한다. 그것이 덕을 세우며 은혜로운 심방으로 귀결될 수 있다.

여덟째, 제직은 '경건 훈련'도 생활 속에 습관화해야 한다.

첫째는 '기도 훈련'이다. 제직은 기도보다 앞서서는 안 된다. 둘째는 '말씀 훈련'이다. 제직은 말씀이 신앙의 나침반이 되어야 한다. 셋째는 '전도 훈련'이다. 전도는 예수님의 지상명령이고 성도의 최고의 사명이다. 초대교회 때 안수집사인 스데반과 빌립은 최전방에서 전도하며 복음을 전했다. 오늘날 제직들도 전도생활에 가장 앞장서는 일꾼들이 되어야 할 것이다. 넷째는 '봉사 훈련'이다. 모든 봉사는 주님께 하듯 두렵고 떨리는 마음으로 해야 한다. 모든 봉사는 목회자의 지도하에 봉사해야 한다. 제직은 어떤 일이 있어도 교회 일치와 연합을 위해 최선을 다해야 한다.

아홉째, 제직은 무엇보다 '목회자관'이 분명해야 한다.

제직이 교회생활을 하면서 목회자관이 바로 서 있지 않으면 대부분 시험에 들고 힘들어지며 신앙이 무너지기 쉽다. 왜냐하면 그만큼 교회는 영적 지도자인 목회자의 영향이 크기 때문이다. 그래서 제직들은 다음과 같은 목회자관을 가지고 있어야 한다.

첫째, 제직은 목회자를 '주님의 사자'로 인정하고 받아들여야 한다. 둘째, 제직은 목회자의 지도에 '순종'해야 한다. 셋째, 제직은 목회자를 위해 '기도'해야 한다. 넷째, 제직은 목회자와 좋은 '동역자'가 되어야 한다. 다섯째, 제직들은 무엇보다도 '물질로도 협력'하여 교회와 목회자를 도와야 한다(롬 16:3-4; 빌 4:16; 고전 16:17).

11.
제자 훈련 부흥의 프로젝트

제자 훈련 중심의 한국교회 부흥 운동

한국교회 부흥에는 두 가지 운동이 있다. 하나는 서울 여의도순복음교회를 중심으로 한 '성령 운동'이고, 또 하나는 서울 사랑의교회를 중심으로 한 '제자 훈련 운동'이다. 성령 운동은 주로 기도 중심의 부흥 운동이고, 제자 훈련 운동은 말씀 중심의 부흥 운동이다. 이것은 한국교회 부흥의 두 축이라 할 수 있는 '기도와 말씀 운동'이다.

그중에서도 '제자 훈련 부흥 운동'은 한국교회가 처음부터 이어온 전통적인 부흥 운동의 방법이었다. 구한 말 한국에 복음이 처음 들어올 때에도 성경 보급을 통해서 한국교회가 부흥하기 시작했고, 그 후에 성경 공부 모임, 성경사경회 운동을 거치며, 나중에는 성경을 조금 더 조직적이고 체계적인 공부 모임인 제자 훈련 모임으로 발전하여 오늘날 한국교회 부흥 운동으로 성장하고 자리매김하게 되었다.

제자 훈련 부흥 운동의 장점

제자 훈련 부흥 운동은 성령 운동과는 다르게 **'질적 성장'**이 구축되는 운동이다. 시간은 짧지 않지만 꾸준히 공부하며 질적으로 깊이를 더해가는 부흥 운동이다. 처음에는 열매가 나타나지 않는 것 같으나 말씀이 조금씩 깊이를 더해가면서 나중에는 견고한 반석과 같은 믿음으로 나아가게 하는 장점이 있다. 즉 제자 훈련을 잘 받기만 하면 믿음이 쉽게 흔들리거나 변하지 않는 묵직한 신앙으로 자라갈 수 있다.

더욱이 제자 훈련의 깊이와 넓이와 높이와 길이를 더해가면 갈수록 의존적인 신앙에서 벗어나 독립적으로 설 수 있는 **'지도자적인 신앙'**으로 발전해 간다. 그래서 제자 훈련을 잘 마친 사람은 셀리더, 평신도 사역자, 장로, 권사 등 지도자적인 위치에서 평신도들을 가르치고 또 배우고 섬기며 그렇게 성장하고 변화되는 과정을 밟아가는 것이다. 제자 훈련의 이런 장점들을 볼 때 한국교회에서 중직자 임직, 구역장, 셀리더 등 평신도 사역자를 세울 때는 제자 훈련을 거치는 것이 교회 부흥의 지름길임을 알 수 있다.

제자 훈련 부흥의 프로젝트 세우기(How-Discipleship Project?)

제자 훈련 부흥 운동은 거대한 프로젝트가 아니다. 처음부터 크게 할 수 있는 프로젝트가 아니다. 오히려 크게 하겠다고 생각하면 실패한다. 지치고 무료해 포기하게 된다. 이것을 명심해야 한다. 제자 훈련 프로젝트는 작게 시작하는 것이다. 변화도 더딜 수 있다. 부흥도 더딜 수 있다. 생각보다 성장 속도가 느릴 수도 있다. 그러나 성경 공부와 교제를 병행하며 꾸준히 인격적인 만남과 성령의 내주하심을 경험하면 조금씩 변화하고 조금씩 성장하며 나중에는 폭발적인 부흥의 역사를 경험하게 되는 것이다.

예를 들어, 교회를 개척할 때 1년에 5명이 들어왔는데 훈련시키지 않고 자기 마음대로 신앙생활 하다가 시험 들어 2~3명이 나가면 결국 1~2명밖에 남지 않는다. 그러나 1년에 5명이 들어와도 처음부터 제자 훈련을 잘 시키면 5명이 그대로 남는다. 들어올 때부터 제자 훈련 분위기를 만들고 처음부터 따라오게 만들면 시작은 미약할지 모르나 일단 훈련을 받은 사람이 안 받은 사람보다 신앙이 견고하고 쉽게 떠나지 않는다는 통계가 있다. 그렇게 제자 훈련을 꾸준히 한 교회는 처음에는 작은 것 같지만 시간이 가면서 훨씬 더 견고해지고, 나중에는 부흥의 속도도 붙고 점점 더 깊이 있고 성숙한 성장의 모습을 갖추게 된다.

첫째, 제자 훈련은 '새가족반 훈련'부터 시작하는 것이다.
교회에 등록을 하면 새가족반에 들어와 공부하게 하는 것이 제자 훈련의 시작이다. 이것은 타 교인이든지 새신자이든지 누구든지 본 교회에 등록하면 다 새가족반에 등록해 공부하게 하는 것이다. 이때 주로 4~6주 과정을 밟으며 구원의 확신 점검, 성경적 교회관, 건강한 신앙생활 등의 지침을 간단명료하게 공부한다. 다 아는 것이라 할지라도 그렇게 훈련받으면 본 교회에 대한 자부심과 믿음의 기반을 세운 이후이기 때문에 교회 정착이 훨씬 쉬워진다. 실제로 새가족반을 한 사람과 안 한 사람의 정착률이 70%의 차이가 있다고 한다. 즉 새가족반을 한 사람은 70%가 정착을 하는 반면에, 안 한 사람은 무슨 시험이 들거나 힘든 일이 있으면 70%가 나간다는 통계가 있다.

또한 새가족반 훈련은 개척 초기에는 '담임목사님'이 하는 것이 좋지만, 교회가 점점 부흥되면 '새가족반 리더'를 세우는 것이 더 효과적이다. 새가족반 리더는 반드시 담임목사님으로부터 제자 훈련을 받은 평신도 사역자가 해야 하며, 담임목사님의 목회관, 교회관, 신앙관과 일치시킬 수 있어야 한다. 그래야 교회가 하나 된 모습으로 성장해 나갈 수 있다. 또 큰 교회 같은 경우는 평신도 새가족 리더보다 '부교역자'를 리더로 세우는 경우가 있는데, 이것도 안정된 시스템으로 운영되는 체계라 할 수 있다.

둘째, 제자 훈련은 '기초부터 고급까지' 단계별로 훈련하는 것이 좋다.
보통 교회마다 제자 훈련 교재를 보면 상중하로 나눈다. 기초반, 중급반, 고급반 등으로 나누어 단계적으로 공부한다. 이것은 신앙의 상중하를 구분하여 성도들의 상황에 맞게 공부시키고자 하는 목표가 담겨 있다. 또 한 번에 성경의 광범위한 교리를 다 가르칠 수 없기 때문에 상중하로 나누어 훈련하기도 하고, 그 후에 '지도자반 훈련대학'을 만들어 리더를 훈련시키는 '코치 제자 훈련'을 공부하는 곳도 있다. 더욱이 이렇게 공식적인 제자 훈련이 다 끝난 후에도 심화된 연장 교육을 위한 '특별 제자 훈련 프로그램'을 간간이 넣어 평생 교육을 도모하도록 하는 곳도 많이 있다.

보통 **기초반**은 새가족반을 통과한 분들이 받는 훈련이다. 주로 여기에는 성경론, 계시론, 삼위일체론, 구원론, 내적 치유 훈련, 전도 기초훈련 등을 포함한다. **중급반**에는 하나님의 성품, 기도, 말씀, 성화, 전도 폭발 훈련, 교제, 순종, 섬김 등 교회생활에 필요한 덕목들을 구체적으로 공부한다. 마지막으로 리더를 세우기 위한 단계로 **고급반**을 운영하는데, 여기에는 리더의 자격, 리더의 영성관, 언어관, 고난관, 경건관, 교회관, 가정관, 리더십관 등 리더가 갖춰야 할 덕목에 대해서 배우는 단계이다. 그리고 여기서 한 단계를 더 뛰어넘어 리더를 세우는 **지도자반**이 있다. 여기에는 코칭과 상담 치유, 멘토링 등에 관한 공부를 통해 한층 더 심화한 리더십 공부를 하게 된다. 더욱이 공식적인 프로그램 이후에도 수시로 **특별반**을 만들어 성경 워크숍, 영성 세미나, 공동체 리더십 세미나 등 연장 교육을 계속 개최해 신앙 성장을 돕기도 한다.

셋째, 제자 훈련은 '셀리더, 임직자' 또한 반드시 훈련해야 한다.
제자 훈련은 일반적으로 한 사람의 평신도를 깨워 그리스도의 제자요, 목회의 동역자로 세우는 프로그램을 말한다. 그러므로 셀리더나 장로, 권사 등 항존직 임직자들은 반드시 제자 훈련을 거치도록 시스템을 만드는 것이 좋다. 그때 시키지 않으면 때를 놓친다. 때를 놓치게 되면 나중에 교회 문제가 생길 때 훈련받지 못한 미성숙한 부분이 나오기 때문에, 제자 훈련은 반드시 필요하다.

더욱이 중직인 제직들은 상하반기 제직 세미나와 헌신예배, 삼사분기 제직 워크숍 훈련 등의 제직을 위한 제자 훈련을 통해 십자가의 군사로 무장시켜야 한다. 제직들이 훈련받지 않으면 교회가 무너진다. 제직들이 훈련받지 않으면 교만해진다. 제직들이 교만해지는 순간 교회는 병들게 된다. 그리고 무서운 결과를 초래한다. 그러므로 셀리더들은 매달 한 번, 제직들은 삼사분기로 한 번 이상은 반드시 제자 훈련을 거쳐야 한다. 그래야 교회가 단단해질 수 있고 성장과 변화를 이룩할 수 있다.

넷째, 제자 훈련은 '교육부 리더 교육'에도 반드시 훈련해야 한다.
제자 훈련은 교육부에도 적용된다. 교회학교, 중·고·청에도 필요하다. 아이 때부터 오히려 성경의 교육을 통해 예수님을 닮아가고 예수님의 제자가 되는 성품을 배워야 한다. 오랜 전통 가운데 한국 교회가 그래왔고, 또 이는 교육부 교회 성장의 정석적인 방법이다. 오늘날에는 교육부의 제자 훈련보다 감성적이고 재미있는 놀이게임이나 즐거운 프로그램을 통해 아이들을 끌어내는 이벤트 행사가 많다. 물론 그것도 문화적으로 필요하겠지만 그럼에도 불구하고 교육부에서의 제자 훈련 필요성은 아무리 강조해도 지나치지 않을 정도로 오늘날도 여전히 교회 성장의 정석적인 비결인 것을 인지해야 할 것이다. 말씀으로 변화되어야 진짜 변화되는 것이고, 말씀으로 성장해야 진짜 성장하는 것이다.

더욱이 학교는 학문을 가르치지만, 교회는 성경을 가르치는 곳이다. 인류 역사를 보면 학교의 학문보다 성경의 교육이 훨씬 더 탁월하고 큰 영향력을 끼쳤다는 것을 알 수 있다. 유대 교육의 탁월함은 가정과 회당에서 성경을 정확히 가르쳤다는 것이다. 그렇게 배운 그들이 세계적인 인물이 되었고, 노벨상을 타는 인재들 또한 배출되었다. 미국의 최고 대학인 하버드 대학도 처음에는 성경을 가르치는 신학교였다. 케네디 대통령 전까지는 성경이 학교에서 가르치는 교과목이었다. 그러나 성경이 폐지되면서 마약이 들어오고 총기가 들어오고 폭력과 살인, 온갖 부패와 타락이 오염되는 역사가 일어났다. 그러므로 인류 역사를 보나 기독교 역사를 보나, 세상 학문보다 성경의 교육이 훨씬 더 사람 되게 하고, 변화와 성장을 이루는 도구가 되는 것을 인식해야 할 것이다.

다섯째, 제자 훈련은 '인격적인 교제'가 반드시 병행되어야 한다.
제자 훈련은 성경 공부가 아니다. 예수님도 성경 공부만 하지 않으셨다. 동고동락 동숙하셨다. 공동체 훈련을 하셨다. 인격적인 교제를 통해 제자들이 예수님을 닮아가게 하셨다. 제자 훈련은 지성과 영성과 감성과 야성이 함께 어우러지는 공동체 훈련이다. 지식적으로 성경 공부만 하는 것이 제자 훈련이 아니다. 인격적인 교제가 포함되어야 성장과 변화를 이룰 수 있다. 그러므로 성도는 제자 훈련을 통해 많은 적용과 간증과 말씀의 나눔이 있어야 한다. 또한 본을 보이는 리더와 인격적 교제를 통해 함께 웃고 울며 말씀의 간증이 공유될 때 제자 훈련의 의미를 더욱 깊이 깨달을 수 있다. 그러므로 좋은 제자 훈련은 말씀을 받고 듣고 배우고 적용하고 나누며 역동적인 교제를 통해 삶의 변화와 성장을 이루는 과정이다.

특별히 제자 훈련이 인격적인 교제가 되기 위해서는 성경 공부 시간 외에도 함께하는 시간이 절대 필요하다. 식사가 되든지, 운동이 되든지, 문화공유가 되든지, 가정방문이 되든지, 사랑과 섬김의 경험이 필요한 공동체 시간을 가져야 한다. 더욱이 제자 훈련의 목적은 예수님을 닮아가는 제자로 성장하는 것이 목표이므로 담임목사님 또는 제자 훈련 리더가 먼저 거룩한 삶과 섬김과 사랑의 본을 보여주는 것이 절대적으로 필요하다. 즉 리더가 먼저 예수님 닮은 모습을 보여야 평신도들도 그 모습을 보며 예수님의 형상을 그리게 될 것이다. 그러므로 제자 훈련의 성공은 리더의 자질과 삶이 어떻게 평신도에게 투영되고 있느냐가 승패의 가장 중요한 기준이 될 것이다.

사도 바울도 보라. 그도 제자 훈련을 할 때 과감히 "나를 닮으라, 나를 따라오라"고 했다. 그것은 자신의 영적 우월감을 자랑하려고 한 것이 아니라, 자신이 보이지 않는 예수님을 닮아가는 본을 보이는 것처럼 너희도 예수님처럼 살아가려는 나의 모습을 닮아 예수님처럼 변화되라는 의미였다. 그만큼 제자 훈련에서는 리더의 삶과 영성과 인격의 영향력에 따라 평신도들이 달라진다는 것을 깨달아야 한다. 그러므로 제자 훈련은 리더와 평신도의 인격적인 교제가 필수이다. 이것이 성경 공부를 통해 녹여지고, 생각과 언어와 행동과 인격의 삶을 통해서 배우고 나누며 적용하고 변화되는 과정을 만드는 것이다.

여섯째, 제자 훈련은 '개 교회 실정에 맞게 운영'해야 한다.
큰 교회 제자 훈련 프로그램이 좋다고 무조건 좇아가다가는 배탈이 난다. 큰 교회 제자 훈련 프로그램이 다 좋은 것이 아니다. 그렇게 가면 가랑이가 찢어진다. 아무리 좋은 프로그램이라도 내 옷에 맞지 않으면 부작용이 있고, 펄렁거려 맵시도 솜씨도 품격도 맞지 않는다. 그러므로 제자 훈련은 개 교회 실정에 맞게 운영함으로 나도 변화되고, 교회 부흥의 동력도 활성화되는 계기로 삼아야 한다.

그러기 위해서는 먼저 제자 훈련 교재 선정이 중요하다. 요즈음 시중에는 제자 훈련에 대한 다양한 서적들이 많다. 그중에서 우리 교회에 맞는 제자 훈련의 책자를 신중하게 선택하여 시리즈로 공부하는 것이다. 특별히 한국교회에서도 검증되고, 인지도도 좋고, 믿음직한 교재를 선정하여 잘 적용시키면 평신도들도 교재에 대해 신뢰하고 열심을 내게 될 것이다.

그러나 그것보다 더 좋은 방법이 있다. 시중에서 교재를 정하는 것도 좋지만, 특별히 담임목사님이 직접 제자 훈련 교재를 집필하는 것이다. 그 교재가 그 교회에서는 최고이다. 왜냐하면 담임목사님이 본 교회 형편을 가장 잘 알기 때문이다. 본 교회를 위해 가장 많이 기도하고, 가장 많이 사랑하며, 가장 많은 관심과 사명감으로 바라보는 분이 담임목사님이다. 평신도들의 신앙적 수준, 생활 형편, 교회 분위기, 우선순위로 필요한 성경 공부의 채택 등을 고려하여 그 교회의 실정에 맞는 교재를 만들 수 있는 최고로 적절한 분이 담임목사님이시다. 담임목사님이 직접 집필하면 신뢰도 있고, 존경심으로 더 제자 훈련에 빠져들 수 있을 것이다.

일곱째, 제자 훈련은 반드시 '성장과 변화를 목표'로 운영되어야 한다.
제자 훈련이 하나의 지식적 프로그램으로 끝나면 실패한 것이다. 또 일꾼을 세우는 프로그램으로만 생각하면 실패한다. 제자 훈련은 반드시 인격적 변화와 성장을 경험하는 프로그램으로 도입되어야 한다. 그 최종 목표는 예수님을 닮아가는 평신도 지도자로 삼는 것이다. 그러기 위해 몇 가지 변화와 성장을 기본으로 해야 한다.

먼저 **'거룩한 생활의 변화와 성장'**이다. 제자 훈련을 했는데도 평신도들에게 거룩한 삶의 변화와 성장이 없다면 그것은 성경 공부로 끝난 것이다. 지식적 충족에 만족한 지성적 성도들의 욕구를 채워준 공부에 지나지 않을 것이다. 옛날 옥한흠 목사님이 제자 훈련이 끝나고 평신도들이 지하 주차장에서 주차 시비로 서로 싸우는 모습을 보고 '제자 훈련 하면 뭐 하나?' 하며 회의감이 들었다고 한다. 바로 이런 것이다. 제자 훈련이 평신도들의 변화와 성장을 이루는 데 좋은 프로그램이기는 하지만, 정작 성경 공부를 하고도 생활에 인격적 변화가 나타나지 않는다면 그것은 성령의 역사가 없는 율법적 공부일 뿐이다. 좋은 제자 훈련은 반드시 내 삶의 변화로 이어진다.

또한 교회에서도 '**일꾼으로 변화되는 것**'이다. 즉 교회에서도 사랑과 희생과 섬김의 봉사관을 가진 사람으로 변화되는 것이다. 제자 훈련에 대해 리더를 세우기 위한 통관절차인 것처럼 생각할 수 있는데, 아니다. 그것은 올바른 교회관이 아니다. 성경적 교회관은 제자 훈련을 마치면 모두가 은사 중심적인 기능에 따라 봉사하는 일꾼으로 세워지는 것이다. 꼭 리더가 아니더라도 일부는 찬양대로, 일부는 식당 봉사로, 일부는 안내위원으로, 일부는 권찰로, 일부는 주차위원으로, 일부는 교사로, 일부는 찬양팀으로 등등 자원하여 그리스도의 몸인 교회를 세우고 봉사의 일을 하는 사람으로 변화되는 것이다. 거기에 따른 가치관은 군림하고 지시하고 대우받고 통치하는 개념이 아니라, 무슨 일꾼이 되든지 교회를 위해 사랑하고 희생하고 섬기는 믿음의 교회관을 갖는 것이다. 이것이 제자 훈련의 분명한 목표가 되어야 한다.

마지막으로 '**하나님 영광과 교회의 덕을 세우는 변화**'이다. 제자 훈련을 마치면 의존적 신앙에서 독립적 신앙으로 변화된다. 즉 돈이나 사람이나 환경 때문에 흔들리는 의존적 신앙에서 그것을 초월하여 오직 주님만 바라보는 독립적 신앙인으로 우뚝 서며 성장하게 되는 것이다. 그것은 하나님의 영광과 교회의 덕을 세우는 삶으로 변화된다는 의미이다. 다시 말해, 내게 거룩한 생활의 변화가 있든지, 교회를 위해 봉사를 하든지, 이 모든 것이 나를 위한 것이 아니라 오직 하나님의 영광과 교회의 덕을 세우는 목적임을 아는 것이다.

만약 내가 거룩한 삶을 사는데 존경받고 명예를 얻는 것이 목표라면 당신은 지금 바리새인과 서기관이 되는 것이다. 또 교회 봉사와 희생이 한낱 감투의 책임감과 명예를 위한 것이라는 생각이 잠재의식 속에 깔려 있다면 그 또한 바리새인과 서기관이 되는 것이다. 말은 그럴듯하게 할지 모르지만, 그 모든 행위는 결국 당신의 명예를 위한 흉내 내는 삶의 결과이다. 그러므로 제자 훈련의 가장 중요한 목표는 내가 거룩한 삶을 살든지 교회의 훌륭한 일꾼이 되든지, 그것이 사람에게 보여주기 위함이 아니라 오직 하나님께 영광을 돌리며 그리스도의 몸인 교회의 덕을 세우기 위한 것이라면 무엇이든지 충분하다는 가치관을 갖는 것이다. 이것이 제자 훈련의 가장 중요한 목표일 것이다.

12.
치유 상담 부흥의 프로젝트

치유하는 교회가 부흥한다!

이런 말이 있다. "사람은 예수를 만나면 인생의 방황이 끝나고, 성도는 좋은 교회를 만나면 신앙의 방황이 끝난다." 그만큼 좋은 교회를 만나면 성도들의 신앙생활이 건강하고 평안하다는 의미이다. 더불어 21세기를 관통하는 좋은 교회의 의미는 건강한 교회, 치유하는 교회, 행복한 교회의 개념을 담고 있다. 그만큼 21세기는 정신적 불안과 염려, 갈등과 분열, 개인주의와 교만함이 팽배해 있어서, 물질문명과 과학문명이 고도로 발달했음에도 여전히 마음의 한 공간은 정신적 빈곤과 고독과 외로움이 치유될 수 없게 되었다.

이것을 어디에서 치유 받을 수 있겠는가? 세상은 해답을 주지 못한다. 그것은 교회밖에 없다. 예수님밖에 없다. 은혜밖에 없다. 십자가의 사랑밖에 없다. 오직 복음만이 치유와 자유와 평안을 소유케

한다. 그런 의미에서 성도들도 치유하는 교회로 모일 수밖에 없다. 그들의 아우성과 불안을 치유하는 좋은 교회에서 평안을 얻고 싶기 때문이다. 세상도 교회를 찾을 때 치유하는 교회로 모일 수밖에 없다. 세상도 자신들의 불안을 교회에서 치유받고 진정한 자유를 얻으며 구원을 얻고자 갈망하는 소망이 있기 때문이다. 이렇게 세상이든 성도들이든 교회를 찾을 때는 마음의 치유와 평안을 갈구하기 때문에 문화적으로 치유하는 교회가 부흥할 수밖에 없다. 이것이 현대교회의 최대 전략이다.

병든 교회는 침체한다!

교회는 살아 있어야 한다. 교회는 조직체로서 역할도 있지만, 유기적으로 살아 움직이는 역동성이 있어야 하나님의 역사가 그곳에 넘치게 된다. 기적과 능력도 교회가 활력이 넘칠 때 나타난다. 30~50년이 넘었는데도 도저히 비전이 안 보이고 부흥이 안 되는 교회도 있다. 병들었기 때문이다. 미지근하기 때문이다. 죽어 있기 때문이다. 이런 교회에는 크게 세 가지 특징이 있다.

첫째, 병든 교회는 '목사에게 상처가 많은 교회'이다.

병든 교회는 목사에게 상처받은 성도가 많다. 이런 교회는 일단 활력이 떨어진다. 생동감이 없다. 미지근하다. 이것을 회복하려면 짧게는 3년, 길게는 5~7년이 걸린다. 그동안 목회자는 신뢰를 회복해야 한다. 더 사랑하고 더 배려해야 한다. 병든 교회의 주범은 목회자이다. 목회자가 잘못해서 그런 것이다. 또 이런 교회는 대체로 좋은 목사님이 오면 금방 살아날 수 있다. 성도들도 회복되기 때문이다.

둘째, 병든 교회는 '교회 구조가 불안한 교회'이다.

병든 교회는 신자들이 자주 시험 들어 그곳에 정착하지 못하고 이동이 많은 교회이다. 이런 교회는 결코 부흥할 수 없다. 교회가 늘 불안하다. 부교역자도 자주 바뀐다. 교육부 시스템도 자주 바뀐다. 교회 재정도 불안하다. 평신도들도 불안하다. 담임목사도 불안하다. 이런 교회는 침체될 수밖에 없고, 교회 관심도가 떨어질 수밖에 없다. 이런 교회는 무엇보다 빨리 신뢰와 안정을 회복하는 것이 급선무이다.

셋째, 병든 교회는 '개인주의가 강한 교회'이다.

병든 교회는 교회 비전과 상관없이 개인주의적인 신앙생활을 하는 교인이 많은 교회이다. 개인주의 성도들은 교회의 변화를 싫어하거나 거부한다. 또 강요받거나 권면하는 설교에는 절대 귀를 기울이지 않는다. 그냥 주일 예배만 드리고 최소한의 관계만 유지하려는 교인들이 많으면 그 교회는 문제가 많을 수밖에 없다. 활력을 얻기가 힘들다. 건강한 교회는 예배도 잘 모이고, 교제도, 봉사도 열심히 자원한다. 자주 모이는 교회가 부흥한다. 삼겹줄은 쉽게 끊어지지 않는다. 사랑과 희생과 섬김이 아름답다. 보람이 있다. 기쁨이 있다. 이런 교회가 부흥하는 것이다.

넷째, 병든 교회는 '교회 규정이 엄격한 교회'이다.

즉 병든 교회는 교회 규정이 복잡하고 엄격해 변화의 물결을 타기가 어렵다. 무엇 하나를 새롭게 하려고 해도 회의를 해야 하고, 당회의 동의를 구해야 하며, 복잡한 절차를 거쳐야 일을 할 수 있기에 김이 다 빠지고 에너지가 떨어진다. 또 반대가 있으면 추진하기도 힘들다. 회의가 많으면 회의에 빠진다. 하나님의 일은 선하면 엄격한 규정은 풀고 신속히 일 처리를 할 수 있도록 시스템을 만들어야 한다. 그래야 성도들이 신바람 나서 주도적으로 봉사할 수 있다. 그런 교회가 넘치는 부흥을 경험한다.

다섯째, 병든 교회는 '쉽게 비방하고 공격하는 교회'이다.
병든 교회는 가벼운 교회이다. 말도 함부로 하고, 행동도 마음대로 한다. 교회의 약점이 있으면 마치 남의 말 하듯이 하고, 자기의 들보는 보지 못하고, 자신이 혼자 거룩한 척하며 부정적인 것은 다 까발리며 함부로 입을 놀리는 사람이 있다. 이는 결코 축복을 받지 못하지만, 교회에서도 문제를 일으키고 다툼과 분열을 조장한다. 이런 교회는 결코 부흥할 수 없다. 소문도 안 좋다. 미성숙한 교회 핵심들이 교회를 그르치고 있다. 진중해야 한다.

치유하는 교회의 특징

치유하는 교회는 평안하다. 건강하다. 활력이 넘친다. 역동적이다. 긍휼의 마음으로 서로 돕는다. 교회가 자연히 부흥한다. 부흥하지 말라고 해도 부흥의 속도가 빨라진다. 왜냐하면 치유받은 평신도들이 움직이기 때문이다. 그들이 은혜받으면 기도하고 예배하고 전도하고 헌금하며, 하지 말라고 해도 하는 엽기적인 일이 일어난다.

첫째, 치유하는 교회는 '자아가 존중받는 교회'이다.

즉 치유 상담 교회의 특징은 목회자가 평신도들을 인정하고 존중하기 때문에 평신도들의 자존감이 아주 높다. 내가 존중받고 인정받는 교회에서 신앙생활을 한다고 생각한다. 내가 이 교회에서 무엇을 하든지 즐겁고 보람 있고 가치 있다고 여긴다. 나의 작은 봉사에도 감사와 기쁨이 넘친다. 또한 교회에 대한 소속감도 강하다. 우리 교회가 대한민국 최고의 교회라고 생각한다. 우리 담임목사님이 대한민국 최고의 목사님이라고 생각한다. 나도 존중받고 교회도 목사님도 신뢰가 가는 교회이다. 이런 교회는 반드시 부흥한다.

둘째, 치유하는 교회는 '포용력이 넘치는 교회'이다.

교회는 누구나 다 올 수 있어야 한다. 누구이기 때문에 안 되고 이것 때문에 안 되고 저것 때문에 안 되고 그러면 안 된다. 교회는 남녀노소, 빈부귀천을 막론하고 누구든지 올 수 있어야 하며, 모든 사람이 환영받을 수 있어야 한다. 그러려면 교회가 포용력을 길러야 한다. 나와 학벌이 다르다고 갈라지고, 성격이 다르다고 헤어지고, 정치 색깔이 다르다고, 고향과 출신성분이 다르다고, 직위가 다르다고 비판하고 내쫓는 일을 한다면 그 교회는 정말로 주님이 없는 교회이며 침체하는 교회로 전락할 것이 뻔하다. 따라서 교회는 다양함 속에 연합을 이룰 수 있는 포용과 사랑의 마음을 가져야 한다. 치유 상담의 교회는 이런 포용의 훈련들이 잘되어 있다.

셋째, 치유하는 교회는 '목회자와 소통이 잘되는 교회'이다.

부흥하는 교회의 특징 중 하나가 목회자가 한 교회에서 오랫동안 목회한 경우이다. 이것은 전 세계 교회의 부흥 리서치(research) 조사에서도 잘 나타나 있다. 목회자가 한곳에서 오래 목회했다는 것은 성도들과 소통이 잘되었고, 성도들도 목회자를 신뢰하고 협력을 잘했다는 의미이다. 한마디로 치유 상담의 목회가 잘되었다는 의미이다. 즉 목회자는 성도의 문제와 상처를 잘 치유해 주고, 성도들도 목회자의 비전에 함께 용해되어 교회에 영적 푸른 계절이 왔다는 것이다. 이것이 장기 목회와 교회 부흥의 비결이다.

그러므로 목회자와 소통이 잘되는 교회가 부흥한다. 이런 교회는 평신도들이 목회자의 비전을 이해하기 때문에 능동적으로 움직이고 활력이 넘치는 교회가 된다. 그러나 목회자와 소통이 막히고 교회 갈등이 잦은 교회는 결코 부흥할 수 없다. 이유는 교회가 불안해서 매일 다투고 싸우는 데만 에너지를 다 쏟기 때문에 교회가 부흥할 여력이 없기 때문이다. 치유 상담 목회는 성도들을 불안하게 하지 않는다. 성도들의 상처와 문제를 치유해 준다. 위로와 평안에 온 힘을 쏟는다. 교회가 평안하여 든든히 세워지는 것이다.

치유 상담 부흥의 프로젝트 만들기(How-Healing Project?)

교회는 사람들이 모이는 곳이다. 사람들이 모이는 곳에는 언제나 문제가 있기 마련이다. 세상 사람들은 교회가 의인들만 모인 곳이라고 생각하는데, 잘못된 생각이다. 오히려 교회는 세상보다 더 많이 상처받고, 병들고, 문제 있고, 소외된 사람들이 와서 치유받고 소생하며 문제를 해결하는 곳이다.

그런데 문제는 모든 교인이 교회에 와서 다 치유받고 회복되는 것이 아니라는 것이다. 교회 안에는 성숙한 사람과 미성숙한 사람, 과격한 사람과 부드러운 사람, 지위가 높은 사람과 낮은 사람 등 다양한 사람들이 모여 있다. 이들이 한 공동체를 이루며 천국까지 신앙생활을 하는데 왜 갈등이 없고 문제가 일어나지 않겠는가? 당연히 있을 수 있다. 중요한 것은 교회가 그런 상처와 갈등을 치유하고 회복하는 프로젝트를 많이 갖고 있으면 성도들이 평안하고 하나 되며 행복한 신앙생활을 공유하게 된다는 것이다. 자연히 부흥의 역사도 일어나게 된다.

첫째, 교회는 먼저 '목회자를 치유하는 프로젝트'가 있어야 한다.
교회에서 가장 상처를 많이 받는 사람이 목회자이다. 사탄은 교회에서 목회자를 무력화시키면 교회가 무너지는 것을 안다. 그래서 끊임없이 목회자를 유혹하고 시험하고 넘어뜨리려고 한다. 교회와 성도들은 이것을 명심해야 한다. 목회자가 죽으면 교회가 죽고, 성도도 죽는다. 목회자가 병들면 교회도 병들고, 성도도 병든다. 목회자는 교회와 혼연일체라 할 수 있다.

그러므로 교회와 성도들은 목회자가 영육 간에 치료받고 새 힘을 얻는 공간을 제공해 주어야 한다. 그것은 일회용이 아니라 정기적으로 제공하는 쉼터여야 한다. 좋은 교회는 목회자를 존중하고 치유하는 프로그램을 설치하는 교회이다. 거기에 몇 가지 대안 프로그램이 있다.

먼저 목회자에게 **안식년을 제공**하는 것이다. 교회 사정상 안 되면 안식월을 풀어서라도 목사님이 재충전의 시간을 반드시 갖도록 하는 것이 좋다. 만약 교회가 안 되면 목사님 자신이라도 스스로 쉼의 시간을 만들어가야 숨통이 트일 것이다.

다음은 목회자에게 **세미나, 기도원, 워크숍에 참여할 수 있도록 재정적 지원**을 해주는 것이다. 이것은 목사님의 영적 재충전과 미래 목회를 위해서도 꼭 필요한 지원이다. 교회가 담임목사님의 영적 재충전을 위해 가장 많이 투자해야 건강한 모습을 지닐 수 있다는 것을 알아야 한다.

다음은 목회자에게 **계속 공부할 기회를 주는 것**이다. 목회자가 계속 공부하지 않으면 자신도, 교회도 더 이상 성장하지 않는다. 좋은 교회는 목회자의 성장 잠재력을 마음껏 열어주는 교회이다.

다음은 목회자가 건강 유지를 위해 **운동이나 취미활동을 하도록 재정적 지원**을 해주는 것이다. 목회자가 정기적으로 휴식을 취하지 않고 각종 스트레스로 탈진되어 쓰러지면 교회와 성도들만 손해이다. 그러므로 교회는 장기적으로 바라보며 목회자의 취미활동도 보장해 주어야 한다.

다음은 **목회자의 가정이 평안할 수 있도록 안정적인 지원**을 아끼지 말아야 한다. 이것이 목회자를 위로하고 치유하는 가장 중요한 시스템이 될 것이다. 만약 목회자의 가정에 문제가 많으면 교회도 결코 안정될 수 없다. 목사님이 늘 근심, 걱정으로 가슴앓이하며 목회하게 될 것이다. 그러므로 목회자의 가정을 책임지는 사명감을 가져야 교회와 성도들도 축복받고 은혜로운 신앙생활을 영위할 수 있다. 좋은 교회는 이런 목회자를 치유하는 시스템을 갖고 있다.

둘째, 교회는 '평신도를 치유하는 프로젝트'도 갖고 있어야 한다.
즉 평신도들의 상처와 문제를 감싸주고 덮어주고 치유하는 교회가 좋은 교회인 것이다. 21세기 부흥하는 교회는 공통적으로 치유 상담의 교회인데, 그 중심에는 평신도들이 교회에서 위로를 받고, 새 힘을 얻고, 행복해하며 축복을 받는 역사가 있었다. 또 그런 프로그램을 가진 교회가 자연히 성장하는 결과가 있었다.

더욱이 평신도들은 교회를 세우는 주류 계층으로서, 내면의 많은 상처와 아픔을 갖고 신앙생활하는 자들이다. 교회와 목회자는 그것을 인식하며 치유 프로그램을 만들어가야 한다. 첫째, 평신도들은 **'물질의 문제'** 를 안고 있다. 이것이 대체로 가장 큰 문제일 것이다. 둘째는 깨어진 **'인간관계의 상처'** 도 많다. 사회와 교회에서 성격 결함으로 인한 상처들일 것이다. 셋째, **'패배의식의 상처'** 도 많다. 무한 경쟁의 시대에 능력이 안 따라줘 많은 스트레스와 열등감으로 살아간다. 넷째, 인간성 파괴로 인한 **'심리 공황의 상처'** 도 심각하다. 개인주의와 이기주의 시대에 살다 보니 인간성이 심리 공황의 상태이다. 막무가내 4차원인 사람도 너무 많다. 묻지 마 살인 등 반사회적 사람들도 많다 보니 사람들을 믿을 수가 없다. 의심과 불안이 지속되는 사회이다. 다섯째, **'가정사의 문제'** 도 심각하다. 즉 자녀의 문제, 질병과 위기의 문제 등 가정에 닥친 여러 문제가 발생한다. 오늘날에는 세 가정 중 한 가정이 깨진다. 자녀들의 진로도 불투명하다. 가족력과 함께 질병의 두려움이 늘 상존한다. 이런 상처와 위기 가운데 평신도들이 살아가고 있다.

더욱이 안타까운 것은 교회도 이런 연장선상에 놓여 있다는 것이다. 어쩌면 교회에 사회보다 상처받은 사람들이 더 많을 수도 있다. 따라서 교회는 이런 상처와 문제를 가진 평신도들을 어떻게 도울 것인지, 어떤 치유 상담의 프로젝트를 가지고 위로하고 치유할 것인지 시스템을 만들어가야 한다.

먼저 교회는 평신도들의 상처가 드러난 것을 볼 때 **'신속하게 위로의 말'**을 해주어야 한다. 즉 물질의 문제, 깨어진 관계의 문제, 패배의식의 문제, 질병의 문제, 가정의 문제, 자녀의 문제, 심리 공황의 문제 등 어떤 문제를 만났다 할지라도 교회와 목회자는 듣는 즉시 신속하게 위로의 말을 전해주어야 한다. 상처를 입은 사람에게는 맨 먼저 위로가 필요하다. 작은 말 한마디로도 큰 힘을 얻을 수 있다.

그러므로 목회자는 평신도의 문제를 가능한 한 신속히 해결해 주는 것이 좋다. 그렇지 않으면 성도들은 극단적인 선택을 하기도 하고, 갈팡질팡하며 이리저리 흔들리는 경우도 많다. 대체로 3일 이내에 위로하고 격려해 주는 것이 좋다. 그 이상 가면 상처가 곪아 터져 더 큰 불만과 아픔이 생긴다. 일찍 위로해 주는 타이밍을 놓쳐 더 큰 문제를 일으킬 가능성이 높다. 그러므로 교회와 목회자는 문제를 만났을 때 가능한 한 최선을 다해 신속히 성도들의 문제를 해결하려는 의지가 있어야 한다. 더욱이 교회 내에서도 제직별로, 기관별, 단체별로 경조사나 구제 문제 등은 신속하게 처리하는 것이 좋은 교회의 특징이다.

다음은 교회가 '**기도와 말씀**'으로 위로해 주며 용기를 북돋아주어야 한다. 이것은 교회의 가장 전통적인 치유 상담의 프로젝트이다. 상처 입은 성도들에게는 하나님의 위로와 말씀의 위로, 기도의 위로가 가장 큰 힘이 된다. 다윗처럼 주님이 나의 반석이요, 피난처요, 힘이라고 고백하는 믿음이 성도들에게도 있는 것이다. 그러므로 교회에는 문제와 상처를 입은 자들을 위한 '교회 중보기도회'를 설치하고 집중적으로 기도하는 기관이 있으면 좋다. 또 셀별로 셀원들의 문제와 상처를 위해 '셀별 중보기도회'도 요긴한 방법일 것이다. 또 예배 시간마다 환우와 어려운 성도들을 위한 '예배 중보기도'도 필요한 덕목이 될 것이다. 더욱이 설교 말씀 때는 '치유 상담적인 설교'에 초점을 맞추어 상처와 문제 있는 성도의 마음을 만져주는 것도 좋은 처방이 될 것이다.

교회와 성도는 어려움을 만날 때 뭐니 뭐니 해도 기도와 말씀을 통해 풀 수 있어야 한다. 위로부터 오는 신령한 힘을 얻을 때 고난과 역경과 아픔과 상처도 치유될 수 있는 것이다. 그래서 고난을 만난 성도들을 대할 때는 말씀 카톡이나 문자, 음성, 설교 영상 등을 인용하며 위로해 주고, 중보기도를 통해 능력과 치유를 경험하도록 해주어야 한다. 비록 이것이 전통적인 기독교적 방법이지만 세상과는 다른 가장 능력 있고 효과적인 방법이다.

다음은 교회가 **'심방과 상담'**과 같은 임상적인 방법을 통해 해결하는 것이다. 즉 상처 입은 평신도들을 직접 찾아가 그 상처를 풀어주고 싸매어주어 스스로 일어나 새사람이 되도록 심방과 상담으로 돕는 것을 말한다. 베드로가 고넬료 가정을 심방할 때에 그 가정이 성령을 받고 새사람들이 되었다. 바울이 루디아 가정을 심방할 때에 그들이 성령을 받고 새사람들이 되었다. 심방과 상담은 상호 간에 스스로 마음을 열고 대안을 모색하는 좋은 장점이 있다. 서로 듣고, 말하고, 상담하며 대화하는 가운데 문제가 해결되고 비전과 목표를 갖게 되는 해결점이 있다.

보통 문제 있는 성도들을 '개인 심방 상담'할 때는 1~3회 정도 하는 것이 좋고, 큰 교회에서는 '치유상담소'가 있어 문제를 체계적으로 상담하는 프로그램을 설치하기도 한다. 또 '셀 모임'에서 주기적으로 모여 말씀을 나누고 간증을 나누는 것도 심방과 상담의 시스템이라 할 수 있다. 또 교회에서 주기적으로 심방 상담을 할 때는 상하반기로 '춘계 추계 대심방'의 프로그램을 갖는 것도 좋은 임상적인 방법이다.

다음은 교회가 어려운 사람들을 **'실제로 돕는 시스템'**을 구축하는 것이다. 상처를 입은 사람의 가장 중요한 관심은 현재 내 문제를 누가 어떻게 풀어줄 것인가이다. 예를 들어, 돈 문제로 상처를 받았다면 돈 문제를 해결해 주면 된다. 사람과 갈등의 문제이면 거기에 따른 해결책을 제시하면 된다. 실패와 심리 공황의 문제이면 담대한 믿음의 면역성을 길러주면 되는 것이다. 이렇듯 고난을 만나는 사람이 있으면 그 사람의 필요를 구체적으로 채워주는 해결 방안을 제시해 주면 보다 더 실질적으로 빠르게 치유와 회복을 경험하게 될 것이다.

그러므로 교회와 목회자는 이런 돕는 시스템까지 미리 구축해 놓아야 한다. 이것은 대체적으로 개개의 기관별로 기능적 조직을 통해 도움의 손길을 모을 수 있다. 주로 선교부, 장학부, 구제부, 상담 코칭부, 당회, 남녀선교회, 실업인선교회, 바자회 등을 통해 실제로 돕는 시스템을 만들어놓는 것이다. 또 국가적으로 아주 큰 환란과 위기의 문제들이 터졌을 때는 교회에서 공개적 광고 헌금을 통해 도울 수도 있을 것이다.

고난을 만난 사람을 도와줄 때는 '나부터, 지금부터, 여기서부터, 작은 것부터, 쉬운 것부터, 가능한 것부터' 등의 원칙을 가지고 도와주는 것이 좋다. 그러나 한 가지 명심해야 할 것은, 도와준다고 해서 무조건 물질적으로만 돕는 것이 최선은 아니라는 것도 알아야 한다. 왜냐하면 내 능력을 생각하지 않고 긍휼만으로 무조건 퍼줄 때 나도 힘들어질 뿐만 아니라 그 사람도 가난 의존적 중독증 악화가 증폭되어 오히려 회복하는 면역력에 방해 요소가 될 수도 있기 때문이다. 그러므로 도와줄 때는 가능한 것부터 물질적으로 도움을 주어야 하겠지만 심리적, 정신적, 영적인 강화를 위한 도움도 실질적으로 필요하다.

마지막으로 목회자는 '**평신도 치유 상담의 매뉴얼**'을 인지하고 있어야 한다.

평신도 치유 방법에는 교회적 시스템도 중요하지만, 실제적으로 목사님의 치유 대처 방법도 아주 중요하다. 그래서 평신도가 상처받았을 때 매뉴얼을 만들고 그 매뉴얼에 따라 신속히 처리하는 것이 효율적이다.

📝 평신도 치유 상담 매뉴얼

첫째, 목회자는 평신도와 **동반자적 관계임을 인식**해야 한다. 그것은 수직적 관계가 아니고 수평적 관계이며, 이익적인 관계가 아니라 가족적 관계임을 인식하며, 평신도를 소중히 여기고 온전한 인격체로 대하는 것이다.

둘째, 목회자가 평신도의 아픔을 접할 때 **위로와 경청**으로 대해야 한다. 더욱이 많이 말하기보다는 많이 들어주고 많이 위로해 주는 것이 치유와 회복을 위한 좋은 방법이다. 그러므로 심방의 제일 첫 번째 덕목도 위로와 경청임을 인지해야 할 것이다.

셋째, 목회자는 평신도 아픔에 대해 권면보다는 '**배려와 관심과 사랑**'이 먼저라는 것을 잊지 말아야 한다. 모든 것이 가하지만 모든 것이 유익한 것이 아니다. 평신도를 가르치는 것도 중요하지만 때로는 덮어주고 싸매주고 감싸줄 때 가르침보다도 더 큰 깨달음과 변화와 성장이 일어나게 될 것이다.

넷째, 목회자는 평신도들의 **아픔에 대한 반응을 잘 관찰**해야 한다. 그들이 목회자를 바라보는 시선이 부정적이면 분명히 문제가 있는 것이다. 그때는 반드시 풀어주어야 한다. 그러나 목회자를 바라보는 시선이 평범하면 속으로 삭이며 적응해 나가는 것이다. 그때는 가만히 내버려두는 것이 좋다. 괜히 불러 이야기하면 오히려 더 상처를 키우고 화를 자초할 수 있다. 무엇이든지 타이밍이 중요하다. 그런 사람은 안 불러도 혼자서 성숙한 과정의 아픔을 이겨나가는 것이다.

다섯째, 목회자는 평신도의 **예배와 교회 출석 빈도**도 살펴보아야 한다. 그들이 자주 빠지면 무언가 문제가 있는 것이다. 평소에 잘 나오던 사람이 예배에 뜸하면 분명 교회와 관계에 있어서 문제가 있다는 증거이다. 그때도 상황을 진단하고 잘 풀어주는 것이 좋다. 주로 2주 안에 전화, 문자, 심방, 상담, 코칭 등의 접촉을 통해 문제해결의 실마리를 풀어야 할 것이다.

여섯째, 목회자는 **평신도 주변과의 관계도 예의주시**해야 한다. 그가 누구랑 친하고, 누구랑 친해지려고 하고 있고, 아니면 아예 만나기도 싫은 사람이 누구인지를 알게 되면 그들의 성향과 신앙의 수준, 가치관의 공통점, 문화의 공통점, 호불호의 흐름, 에너지의 흐름 등을 진단하고 평신도의 문제를 보다 더 효과적으로 해결할 수 있을 것이다.

일곱째, 목회자는 평신도의 문제를 **가능한 한 신속히 해결**하는 것이 좋다. 대체로 1~2주 이내에 해결하는 것이 좋다. 무엇보다 직접 해결하는 것이 제일 좋고, 때로는 간접적으로 다른 사람이나 다른 방법을 통해 해결할 때도 있다. 이때는 기다려주는 것도 최선일 수 있다. 여기서 목회자가 평신도의 문제를 신속히 해결하려는 의지를 보여주는 것이 가장 중요하다.

여덟째, 목회자는 **평신도가 원하는 목회자상**을 알아야 한다. 21세기 목회는 권위적 목회자보다 섬기는 목회자를 좋아한다. 또한 목사님이 신비적인 분이시기를 원하지만, 신비주의에 빠지는 것은 싫어한다. 게다가 목사님이 자기 말만 하는 것을 싫어하고 잘 들어주는 목사님을 좋아한다. 이화여대에서 평신도들이 목회자에게 원하는 상이 무엇인지 설문조사를 했는데, 이렇게 요약했다. 젊은 지성인들의 반응이라 참고할 만한 목록들이 많아 여기에 적어 본다.

첫째, 설교는 재미있고, 짧게 해주세요! (20분 안팎이 좋아요!)
둘째, 지적인 설교가 아닌 은혜로운 설교를 해주세요!
셋째, 대표기도는 짧고 간결하게 해주세요.
넷째, 즐겁게 웃으면서 예배를 인도해 주세요!
다섯째, 현실 문제를 등한시하지 말아 주세요!
여섯째, 교인들을 믿고 기다려주세요!
일곱째, 융통성과 포용력을 가져주세요!
여덟째, 한 사람 한 사람을 소중히 여기며 기억해 주세요!
아홉째, 사회적으로 존경받는 목사님이 되어 주세요!
열째, 목사님 자신이 행복한 분이 되어 주세요!

에/필/로/그

    필자는 이 책을 시작하기 전에 한 교회를 담임하고 있는 목회자로서 오랫동안 머릿속에 맴돌던 한국교회 정체의 원인과 그 해결을 글로 옮겨야겠다는 생각을 수도 없이 해왔다. 그 이유는 한국교회가 실로 점점 더 쇠퇴하고 있고, 허물어지는 느낌이 들었기 때문이다. 더욱이 현실적으로 교회학교부터 어른에 이르기까지 해법도 없이 그냥 손을 놓고 침체의 늪으로 빨려 들어가는 모습이 그대로 보였기 때문이다.

    물론 사회학적으로, 문화적으로, 영적으로, 시대적으로 교회의 기능과 역할이 줄어든 요인도 있지만, 한국교회가 기독교 역사에 유례없을 정도로 최단기간에 폭발적인 성장을 했다가, 역으로 다시 30년 만인 최단기간에 쇠퇴의 길로 들어서는 것이, 너무 안타깝고 애석하기만 했다. 그래서 미래의 교회가 다시 퇴로의 꼭짓점을 찍고 회복의 길을 찾는 방법이 무엇일까를 고민하며 이 글을 썼고, 현실적으로 회복을 넘어 부흥의 날개를 펴고 창공을 향해 훨훨 날 수 있는 실제적인 방법론도 고민하며 이 책을 쓰게 되었다.

    놀라운 것은, 이 책을 쓰면서 필자도 목회에 실제로 적용하며 부딪힌 결과 우리 교회도 새로운 변화의 길로 접어들게 되었다는 점이다. 1%란 법칙이 있다. 1%만 개선하고 변화시켜도 우리는 커다란 성과를 거둘 수 있고, 이는 거의 모든 것을 해결할 수 있는 기회가 된다. 한 번에 한 가지씩만 잘해도, 쉬운 듯이 보이지만 결코 그 작업을 멈추지 않는다면 나중에 놀라운 변화와 성장을 경험할 것이다. 우리도 하겠다는 결단을 내리는 순간, 그때부터 하나님도 함께 움직이신다. 조금 더디 가는 것이 창피한 일은 아니다. 무엇이든 과정이 있는 것이고, 그 과정을 묵묵히 견뎌낸 사람만이 값진 열매를 얻는 것이다. 이 책이 바로 그런 부흥의 열매를 맺는 과정의 좋은 안내서가 되면 좋겠다.

책을 마무리할 때마다 계절적으로 느끼는 필자만의 루틴이 있는 것 같다. 춥고 긴 겨울이 될 때면 사유의 시간이 길어지며 책의 전체 목차와 이야기의 목록들을 수집해 나가는 작업을 한다. 새싹이 피는 봄에는 본격적으로 하나씩 글을 써 내려가고, 무덥고 땀 흘리는 긴 여름의 시간에는 홀로 목양실에 앉아 사투하며 글의 내용을 수정 보완하며 써 내려가고, 추수의 계절 가을의 시간에는 글의 마무리를 향해 남은 여백을 채우며 달려간다. 그리고 쌀쌀한 겨울의 초입을 맞이하며 거의 완성 단계로 들어간다. 필자는 이 책을 어둠 속에서도 섬광처럼 번쩍이는 지혜의 말로 써 내려갔고, 무엇보다 하나님의 뜻을 헤아리며 적어 내려갔다. 참 감사한 일이다. 이렇게 하나의 작품이 긴 시간의 묵상과 연구를 통해 나타나는 것이 참 감사하기만 하다.

필자는 이 책을 성령님께서 쓰셨다고 생각한다. 성령께서 인도하신 이 놀라운 하나님의 작품에 부족한 내가 도구로 쓰임 받은 것을 볼 때 나는 분명 행복한 목사이다. 아직도 우리는 미완성이다. 지금도 하나님은 우리를 다듬으며 만들어가고 계신다. 마치 예리한 칼날에 연필의 몸이 깎이면 깎일수록 단정하고 예쁜 자태를 보여주듯이, 나도 깎이고 깨지고 더 성찰해 가면 앞으로 더 단정하고 예쁜 작품의 글을 완성해 나가게 될 것이다.

올해도 목회로, 신학교로, 부흥회로, 세미나로 부지런히 다니면서 또 한 권의 책을 저술할 수 있었다는 것이 하나님께 너무 감사하기만 하다. 또 힘들 때, 어려울 때, 지칠 때 늘 뒤에서 든든한 버팀목으로 지원해 주는 우리 일산은혜로운교회 성도님들에게도 감사의 마음을 전한다. 또 이 책이 출간되도록 힘써주신 쿰란출판사에도 감사를 드린다. 모쪼록 이 책이 새로운 부흥의 희망을 노래하는 서광의 빛이 되기를 간절히 소망해 본다. 오늘도 왠지 좋은 소식이 있을 것만 같다.

아침의 밝은 햇살을 바라보며,
일산은혜로운교회 5층 목양실에서

한국교회 상위 10% 부흥 매뉴얼

미래교회 REVIVAL

1판 1쇄 인쇄 _ 2025년 4월 30일
1판 1쇄 발행 _ 2025년 5월 7일

지은이 _ 옥수영
펴낸이 _ 이형규
펴낸곳 _ 쿰란출판사

주소 _ 서울특별시 종로구 이화장길 6
편집부 _ 745-1007, 745-1301~2, 747-1212, 743-1300
영업부 _ 747-1004, FAX 745-8490
본사평생전화번호 _ 0502-756-1004
홈페이지 _ http://www.qumran.co.kr
E-mail _ qrbooks@daum.net / qrbooks@gmail.com
한글인터넷주소 _ 쿰란, 쿰란출판사
페이스북 _ www.facebook.com/qumranpeople
인스타그램 _ www.instagram.com/qrbooks
등록 _ 제1-670호(1988.2.27)
책임교열 _ 최진희·최찬미

ⓒ 옥수영 2025 ISBN 979-11-94464-51-8 03230

책값은 뒤표지에 있습니다.
이 출판물은 저작권법에 의해 보호를 받는 저작물이므로 무단 복제할 수 없습니다.
파본(破本)은 구입처에서 교환해 드립니다.